KB275196

사소한 것들의 역사

사소한 것들의 역사

사소한 것들의 역사

김현철 지음

당연하게 시작했지만 모두의 삶을 바꾼 그것

드러북스

사소한 것들의 역사

1쇄 발행 2026년 1월 27일

지은이 김현철
펴낸이 조일동
펴낸곳 드레북스

출판등록 제2025-000023호
주소 서울시 은평구 통일로 630 래미안 베라힐즈 203동 1102호
전화 010-4216-9294
이메일 drebooks@naver.com
인스타그램 @drebooks

인쇄 (주)프린탑
배본 최강물류

ISBN 979-11-93946-66-4 03900

— 우리 곁에서 우리 삶을 만든 것들 —

내가 근무하는 학교에서는 기말고사가 끝나고 방학까지 남은 기간에 '융합 배움의 날'을 운영한다. 학생들에게 교과 융합적 사고를 키울 수 있는 수업을 교사가 구상해, 학생들과 평소와는 다른 색다른 주제로 수업을 진행하는 행사다. 축구를 좋아하는 역사 교사인 필자는 이 기간에 'K리그로 배우는 한국 현대사' 수업과 '더비 매치로 배우는 세계사' 수업을 기획하고 진행했다.

전자는 1983년부터 지금까지 K리그의 역사를 훑으면서 나타나는 시대와 연도별로 특이하고 특징적인 현상들을 정리한 후, 이런 현상을 수업 시간에 배우는 한국 현대사 및 현대 세계사의 각 주제와 엮어가며 논리적 연관성을 추론해가는 수업이다. 후자는 같은 지역이 아님에도 라이벌 의식이 형성된 해외 축구 구단들을 선정한 후, 라이벌 의식의 기원을 세계사 수업에서 배울 수 있는 주제들과 엮어 논리적 연관성을 추론해가는 수업이다. 이 두 수업 모두 결론은 같았다. '우리가 일상으로 접하는 취미생활에서 나타나는 별것 아닌 현상들도 역사의 큰 흐름에 영향을 받는다. 사소한 것들에서 생겨난 사소한 변화가 역사의 큰 흐름을 바꾸기도 한다.'

이 책은 그런 사소한 역사들의 모음집이다. 조선일보 '신문은 선생님' 코너에서 수년간 연재한 〈사소한 역사〉 글들 중에서 유의미한 것을 모아 편집과 수정, 내용을 추가한 모음이다. 그래서 기본적으로는 우리가 일상에서 쉽게 마주할 수 있는 사소한 것들의 기원과 발전, 변천에 관한 책이지만, 그 과정에서 역사 속의 큰 흐름이나 사건과 연관되는 부분이 있다면 최대한 연계해서 설명하고자 했다. 어떤 사소한 것들의 역사라도 사소하지 않은 것들의 영향을 받았고 사소하지 않은 흐름을 만들어낼 수 있기 때문이다.

사소한 것들의 역사를 통해 독자들이 사소한 것으로부터 시작되는 사소하지 않은 흐름을 읽어내는 데 도움 된다면 나로서는 더할 나위 없이 기쁠 것이다. 그렇지 못하더라도 이런 사소한 것들의 역사에서 출발한 관심이 역사라는 재미있고 매력적인 학문을 접하는 마중물이 되기만 해도 내게는 책을 출간한 보람이 있을 것이다. 책을 출판하기로 결심한 때부터 지금까지 마음이 편한 날이 없었다. 그럼에도 불구하고 이 책으로 역사가 어렵고 외울 것이 많은 학문이라는 오해에서 벗어나, 일상에서 접하는 모든 사소한 것이 역사의 재료가 될 수 있으며, 이를 통해 역사에 더 많이 관심을 갖고, 역사라는 학문에 대한 심리적 거부감을 조금이라도 낮출 수 있다면 그보다 더한 기쁨은 없겠다.

4 삶 ; 깨끗하게

일상

의미 있게

도서관　　사전

볼펜

달력

성(姓)

탑　　갓

일기예보
신호등
망원경

은행

분필·칠판　인형

잠수함
스승의 날
　주민등록증
　복권
　풍수지리

도서관

　2022년, 서울시 최초의 공공 도서관인 남산도서관이 개관 100주년을 맞았다. 남산도서관은 일제 강점기인 1922년 경성 부립 도서관이라는 이름으로 처음 세워졌고, 해방 이후 남대문도서관으로 이름을 바꾸었다가 1965년부터 현재의 이름이 되었다.

　문명이 발생한 이래 지식의 축적과 전달은 인류에게 중요한 과제였으며, 이런 이유로 도서관의 역사는 인류 문명의 역사와 발자취를 같이한다. 그래서 인류 최초의 문명이 발생한 곳인 메소포타미아 지방과 이집트에서는 고대 도서관에 대한 기록이나 유적을 찾아볼 수 있다. 바빌로니아 왕국의 도시 니푸르의 지구라트(메소포타미아 문명에서 만들어진 신전)에서 쐐기문자가 기록된 여러 개의 점토판이 발견되었고, 그 양이 상당해서 전문가들은 지구라트를 오늘날 도서관처럼 사용한 것이 아닌가 추측하고 있다. 또한 비슷한 시기에 이집트 테베에도 도서관이 있었으리라 암시하는 기록이 남아 있다.

서아시아 세계는 이후 아케메네스 왕조 페르시아를 거쳐 알렉산드로스 대왕에게 정복당했다. 이때 알렉산드로스는 니네베의 왕립 도서관을 보고 감명받아 자신의 정복지에 있는 모든 지식을 모은 거대한 도서관을 세우겠다는 꿈을 꾼다. 이 목표는 알렉산드로스 생전에 이루지는 못했지만, 그가 사망한 후 이집트 프톨레마이오스 왕조에서 알렉산드리아 대도서관이 세워지면서 이루어진다. 이때 장서를 채우기 위해 이집트로 들어오는 모든 선박의 수송물을 검색한 후 서적이 발견되면 일단 압수해 사본을 만들고, 사본이 만들어진 후 사본은 도서관 장서로 활용하고 원본은 주인에게 돌려주었다. 또한 전 세계의 유명한 학자들을 알렉산드리아로 불러 모아 연구와 강의를 하도록 했다.

중세 유럽에서는 수도원과 대학 중심으로 도서관이 발달했다. 다만 이때의 도서관은 대중을 위한 공간이라기보다 상류층을 위한 시설이었다. 당시 도서관에서는 도서를 대출하고 반납하는 것이 불가능했고, 오히려 책의 도난을 방지하기 위해 책을 사슬로 묶어두기까지 했다. 인쇄술과 제지술이 발달한 지금과 달리 당시의 책은 모두 손으로 직접 내용을 베낀 필사본이고 책의 재료도 대체로 양피지였기 때문에 고급 물건으로 여겨졌다.

이후 구텐베르크가 인쇄술을 발명하며 유럽 사회에서 책과 지식의 대중화가 이루어진다. 그러면서 도서관도 점차 변화한다. 17세기 프랑스의 추기경 쥘 마자랭이 자신의 개인 도서관을 대중에게 개방하고, 이를 계기로 공공 도서관이라는 개념이 등장했다. 이후 영국과 미국 등에서도 공공 도서관을 세우기 시작했다. 특히 미국의 의회도서관은 전 세계에서 가장 큰 도서관으로, 전 세계의 모든 문명이 동시에 붕괴한다고 해도 의회도서관만 멀쩡하다면 인류 문명을 복구할 수 있다는 말이 있을 정도의 규모와 장서량을 자랑한다.

과거 동양에서도 도서관은 왕실과 상류층을 위한 시설이었다. 중국에서는 왕조가 교체될 때마다 새 왕조가 이전 왕조에서 만들어진 책들을 모아 정리했다. 우리나라에서도 발해 시대에 문적원 등의 국가 기구에서 서적을 보관했다. 고려 시대에도 국가 기구에서 서적을 보관했지만, 사찰에 장서를 보관해 도서관의 역할을 맡기도 했다. 조선 시대에는 국가에서 집현전이나 규장각을 세워 도서관 역할을 하게 했다. 특히 조선왕조실록처럼 중요한 문헌은 전국 곳곳에 사고를 세워 실록 사본을 보관하게 했다. 덕분에 임진왜란 당시 상당수의 사고가 파괴되어 조선왕조실록이 소실될 위기에 처했으나 전주 사고가 무사해 실록을 복원할 수 있었다. 참고로 우리나라에서 도서관이 대중을 위한 시설로 변모하기 시작한 것은 조선 시대 강화도 조약 체결(1876) 이후다.

사전

현재까지 발견된 최초의 사전은 메소포타미아 문명권에서 만든 수메르어-아카드어 대역 쌍 점토판이다. 이 점토판에는 수메르인과 아카드인의 언어가 서로 대응하는 것끼리 짝을 지어 적혀 있다. 메소포타미아 문명은 개방적인 지리적 특징 덕분에 타국과 전쟁이나 교역 등 교류가 활발했다. 이 점토판도 서로 다른 국가끼리 의사소통할 때 사전처럼 쓰기 위해 만든 것으로 추정된다.

사전은 서유럽 문화권과 동아시아 문화권에서 서로 다른 특징을 띠며 발전했다. 서유럽 문화권에서는 주로 라틴어 단어를 번역하기 위한 용도의 이중어 사전(한영사전처럼 한 언어의 단어를 다른 언어로 해설한 사전)을 만들었다. 가톨릭 문화권에서 종교의식을 치를 때 사용한 언어가 라틴어여서 라틴어를 이해하기 위한 사전이 필요했기 때문이다. 대표적으로 1502년 가톨릭 수도사이자 언어학자 암브로조 칼레피노가 라틴어를 영어, 프랑스어, 독일어, 이탈리아어 등으로 설명한 사전이 있다.

이후 점차 언어학적 발전이 이루어지고 근대 사회로 접어들면서 종교의 영향력이 이전보다 감소하자 19세기 전후 유럽에서도 단일어 사전(국어사전처럼 한 언어의 단어를 그 언어로 해설한 사전)이 많이 제작되었다. 대표적으로 옥스퍼드 영어사전이 있다. 1857년부터 천 명 넘는 학자들이 동원되어 1928년 초판을 완성한 이 사전은 당시 쓰이던 모든 영어 단어를 모으고 의미와 역사적 변화 등을 기록한 사전으로 높은 평가를 받는다. 비슷한 시기에 독일에서는 그림 형제, 프랑스에서는 리트레 등이 자국어 사전을 발간했다.

동양 사전은 주로 단일어 사전으로 출발했다. 동아시아 문화권의 주축을 이루는 문자인 한자가 표의문자여서 한자의 뜻을 설명해주는 책이 필요하기도 했다. 중국 한나라 왕조가 유학을 국가 통치이념으로 삼은 이후 송나라 때 성리학이 등장할 때까지 오랫동안 중국 유학이 경전의 자구를 해석하는 데 집중하는 훈고학 위주로 발전했기 때문이다. 이에 따라 이아, 설문해자 등 한자의 뜻을 설명한 자서와 한자의 음을 설명하는 절운, 당운 등 운서가 제작되었다. 이후 17세기 만주족이 청 왕조를 세우면서 이에 반감을 품은 한족 지식인을 통제하기 위해 대규모 편찬 사업을 진행했다. 강희제 때 그동안 중국에서 발간한 자전을 모아 편집한 《강희자전》이 대표적이다.

볼펜

직업상 볼펜을 많이 쓰는 이들은 잉크 소모량이 많아 책상 한 편에 볼펜 심을 무더기로 쌓아 놓고 필요할 때마다 갈아 끼우곤 한다. 이처럼 심만 갈아 끼우면 얼마든지 원하는 만큼 글을 쓸 수 있는 편리한 도구 볼펜은 언제 어떻게 발명되었을까?

볼펜 이전에 고대와 중세 유럽에서 주로 쓰던 필기도구는 깃펜이었다. 거위나 꿩 등 깃대 속이 텅 비어 있는 새의 깃털을 이용해 펜으로 사용했다. 하지만 18세기 산업혁명 이후 금속으로 된 펜촉을 이용해 잉크를 찍어 쓰는 딥펜이나 펜대에 잉크를 채워 쓰는 만년필이 대량 양산되었다.

만년필은 편리했지만 나무나 가죽 등 표면이 거친 재질에는 잘 써지지 않고 종이가 자주 찢기는 단점이 있었다. 영국의 가죽 가공업자 존 라우드는 이 문제를 해결하려 1888년 강철로 만든 구슬을 강철 소켓으로 감싸는 방식의 새로운 펜을 개발했다.

볼펜의 시초라고도 볼 수 있는 이 펜의 개발로 거친 표면 위에도 글을 쓸 수 있었다. 하지만 글씨를 쓸 때 잉크가 새는 현상이 있었고 사용감이 거칠어 상용화되지 못했다.

이후 편리한 볼펜 개발을 위한 다양한 시도가 있었지만 제대로 된 펜의 개발은 의외로 어려웠다. 볼이 너무 뻑뻑하면 글이 잘 써지지 않았고, 볼이 너무 느슨하면 잉크가 새는 문제가 발생했다. 잉크 역시 너무 묽거나 걸쭉하면 잉크가 새거나 아예 나오지 않기도 했다. 이런 문제를 해결한 사람이 유대계 헝가리인 라슬로 비로, 죄르지 비로 형제였다. 신문기자이면서 발명가였던 형 라슬로는 잉크가 안에서 굳지 않으면서도 볼에 적당히 묻어 나오는 볼 베어링 시스템을 개발했고, 화학자인 동생 죄르지는 너무 쉽게 새지도 않고 너무 뻑뻑해서 막히지도 않는 적당한 점성을 지니는 잉크를 개발했다.

두 형제는 이렇게 개발한 볼펜을 1931년 파리박람회에 출품했고, 이어 1938년 영국에 특허를 출원했다. 그러나 제2차 세계 대전이 발발하고 반유대주의가 전 유럽으로 퍼지자 아르헨티나로 이주해 이후 1943년 아르헨티나에 새로운 볼펜 특허를 출원했다. 형제가 발명한 볼펜을 바탕으로 1950년 영국의 플래티그넘 사에서 흔히 똑딱이라고 불리는 클릭형 볼펜을 개발했다. 이 볼펜은 뚜껑을 닫지 않아도 되어 큰 인기를 끌었다.

우리나라에는 1960년대부터 대중화되기 시작했다. 1963년 광신화학에서 검은색과 흰색으로 디자인한 '모나미 153' 볼펜을 출시했다. 이 볼펜은 단순한 사용감과 저렴한 가격 덕분에 널리 퍼졌고, 1974년 회사 이름마저 모나미로 바꿀 정도였다. '모나미 볼펜'은 지난 40년 동안 30억 자루가 넘게 팔렸다고 한다.

중국에서는 2017년에야 볼펜 심 개발에 성공했다. 한 해 400억 개의 볼펜을 만들면서도 핵심 기술인 스테인리스강 볼펜 심을 만들지 못하고 수입하던 중 당시 리커창 총리가 볼펜 하나 제대로 만들지 못하느냐며 질책하자 집요한 노력 끝에 성공했다고 한다.

달력

　일주일, 한 달, 12개월로 나누는 달력 기준은 언제 어떻게 만들었을까? 인류는 기원전 3,500년쯤 메소포타미아 문명 때부터 달이 차고 기우는 주기를 기준으로 한 달을 약 29일로 보는 음력을 만들었다. 당시 시간의 변화를 쉽게 체감할 수 있는 천체는 오직 달이었기 때문이다.

　우리가 지금 사용하고 있는 양력은 기원전 3,000년쯤 나일강 유역을 중심으로 한 이집트 문명에서 비롯했다. 음력이 달의 공전주기를 바탕으로 만들어진 달력이라면, 양력은 지구의 공전주기(365.25…일)를 기준으로 만들어진 달력이다. 지구의 계절 변화나 기온의 변화가 사실 달이 아니라 지구가 태양 주위를 돌면서 나타나는 현상이기 때문에 양력이 더 효율적이었다.

　고대 이집트 사람들은 나일강의 범람을 통해 지구의 태양 공전주기를 파악했다. 나일강이 범람할 즈음에는 항상 하늘에서 큰개자리의 시리우스별이 빛났다. 이집트 사람들은 시리우스별의 고도를 기준으로 매년 나일강의 범람 시기를 예측하고, 이를 토대로 1년을 365일로 하는 태양력을 만들어냈다.

오늘날 달력은 이집트 태양력을 그대로 사용하는 것은 아니다. 지구의 공전주기가 365일이라는 것은 어디까지나 소수점 아래를 반올림한 근삿값이다. 이 오차는 1년만 따지면 그리 큰 차이가 아니지만, 누적되면 달력상 날짜와 계절의 변화가 일치하지 않는 현상이 나타난다.

그래서 고대 로마에서는 이집트 태양력과 기존 음력을 개정해 기원전 46년 율리우스 카이사르의 이름을 딴 율리우스력을 만들었다. 종전 10개월이었던 월 수를 12개월로 늘리고, 4년마다 2월달에 하루(29일)를 더하는 윤년을 도입한 것도 이때다. 윤년은 지구의 공전주기 오차를 4년마다 한 번씩 잡아주기 위해서다.

하지만 수백 년이 지나자 또 실제 계절과 달력상 날짜가 어긋나는 일이 벌어졌다. 그래서 이를 보완한 것이 1582년 교황 그레고리오 13세의 이름을 딴 그레고리력이다. 예수회 신부이자 독일 출신 수학자인 크리스토퍼 클라비우스가 설계한 것으로, 그는 4년마다 윤년을 도입하되 400의 배수를 제외한 100의 배수인 해에는 윤년을 적용하지 않는 식으로 규칙을 조금 바꾸었다. 이렇게 되면 100의 배수인 1900년의 2월은 윤년이 아니지만, 400의 배수인 2000년의 2월은 윤년이 된다. 오늘날 우리는 이때 만든 그레고리력을 사용하고 있다.

성(姓)

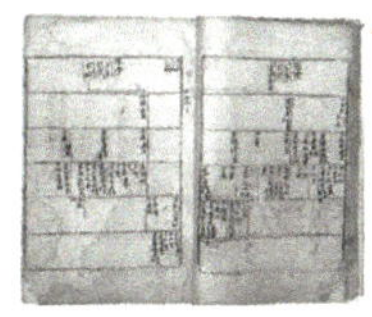

사람의 성명은 성(姓)과 이름으로 구성되어 있다. 성은 내가 어떤 가족의 구성원인지를 나타내고, 이름은 가족 구성원 내에서 나의 고유성을 알려준다. 아랍인처럼 예외도 있기는 하지만 전 세계 대부분의 문화권에서 사람을 성과 이름으로 호칭을 결정한다. 이를 통해 인간은 한 명의 개인이면서 동시에 가족과 가문의 구성원이라는 인식을 인류 대부분이 공유한다.

2021년 중국 호적관리연구센터의 통계에 따르면 중국에서 가장 많은 성은 왕씨이고, 이어 리씨, 장씨, 류씨, 천씨 순이었다. 이들 성을 가진 사람이 전체 인구의 30퍼센트에 달한다. 과거 한나라에서 청나라 시대를 거치면서 시민들이 성을 갖게 될 때 이미 많이 있는 성씨를 고르면서 그 수가 많아졌다. 우리나라에서는 김, 이, 박 등의 성씨가 많고, 이 중 김씨가 약 20퍼센트, 이씨와 박씨가 각각 약 15퍼센트, 약 8퍼센트다.

성씨는 본래 가문을 나타내는 용도다. 따라서 과거에는 소수의 가문을 제외하면 성을 제대로 사용하지 않았다. 우리 역사에서도 삼국 시대나 후삼국 시대의 기록을 보면 백제의 대성팔족이나 신라의 진골 및 육두품 계열 성씨를 제외하면 성 없이 기록되거나 성을 드러내지 않는 인물이 많다. 예를 들어 신라 때 우산국(지금의 울릉도)를 정벌한 이사부나, 《국사》의 편찬자로 전해지는 거칠부는 둘 다 김씨였지만 성과 이름을 함께 기록하지 않고 이름으로만 기록하고 있다. 후백제를 세운 견훤의 아버지 아자개는 이씨이지만 견훤은 견을 성으로 삼는 등 성을 표기하는 여부나 성씨의 계승 등이 들쭉날쭉하다. 소수의 가문을 제외하고는 성씨 사용이 제대로 자리 잡지 않았다는 의미로 해석된다.

조선 후기 실학자 이중환의 저서 《택리지》에 따르면 이런 성씨가 평민들에게까지 보급된 것은 고려의 후삼국 통일 이후다. 《고려사》 기록에서 고려를 세운 태조 왕건이 즉위한 이후 성과 이름을 같이 쓰는 인물이 많아진 것을 보면 이중환의 이 서술은 사실일 가능성이 크다. 성종의 재위기쯤에는 과거 삼국 시대나 후삼국 시대처럼 이름만 기록된 인물을 찾아보기 힘들다.

하지만 여전히 천민들에게는 대부분 성이 없었다. 가끔 예외적으로 아버지는 양인(평민 이상의 신분)이지만 어머니가 천민이기 때문에 성씨가 있는 경우였다. 고려는 부모 둘 중 한 명만 천민이어도 태어난 자식의 신분을 천민으로 정했는데, 고려 무신 정권의 집권자 중 한 명이던 이의민은 아버지 이선이 평민인 소금장수였기에 성이 있지만 어머니가 노비였기 때문에 신분은 천민이었다. 이런 소수의 경우를 제외하면 대체로 천민들에게는 성이 없었고, 이런 현상은 조선시대까지 계속되었다.

조선 후기 공명첩 발급과 납속으로 인해 신분제가 흔들리기 시작했고, 개항 이후 갑오개혁이 실시되면서 법적으로 신분제가 완전히 없어지자 그동안 성이 없었던 천민들도 성을 가졌다. 이때 성을 새로 갖게 된 천민들은 주인의 성을 따르거나 자신이 거주한 지역에 있는 유력 가문의 성을 선택했다. 예를 들어 전주에 거주하고 있다면 이씨, 경주에 거주하고 있다면 김씨 등으로 지었다. 해당 성을 가진 사람들이 많은 성을 따라야 자신이 본래 천민 출신이라는 사실이 드러나지 않기 때문이었다. 조선의 천민은 조선 후기에 접어들면 전체 인구 중 약 30퍼센트를 차지하고 있었으며, 이들이 조선시대 유력 양반 가문이었던 김씨, 이씨, 박씨 등을 선택하면서 그 수가 다른 성에 비해 많아졌다.

일본은 근대화 과정인 메이지유신을 거치면서 사람들이 성을 갖게 되었으며, 대체로 지형과 지명, 사물 등에서 유래한 것이 많다. 일본은 성이 30만 개가 넘는데, 그중 일본에서 가장 많은 성인 사토는 전체 인구의 약 1퍼센트밖에 되지 않는다. 에히메, 사이타마 등 지역명을 성씨로 쓰는 이들도 많다. 우리나라에서 가장 많은 성씨인 '김'씨가 전체 인구의 약 20퍼센트에 육박하는 것과는 비교할 수 없는 차이다.

서양 역시 조상과 관련된 땅, 조상의 직업 등에서 성씨를 정했다. 영어권의 스미스, 테일러, 독일어권의 슈바인슈타이거나 뮐러 등의 성씨가 대표적이다. 이 성씨들은 각각 대장장이, 재봉사, 돼지 사육사, 방앗간 주인이라는 뜻을 지니고 있다. 아무래도 성씨의 기원과 성씨 제작 원칙이 우리나라와는 다르다 보니 서양에서 흔한 성씨라고 해도 김, 이, 박처럼 흔할 수가 없다.

그래서 우리나라 사람들이 일본이나 서양의 문학, 만화, 영화 등을 접할 때 이와 같은 사실을 모르면 혼란스러운 상황이 발생한다. 같은 인물인데 누구는 이름으로, 누구는 성으로 부르기 때문이다. 예를 들어 조앤 롤링의 《해리 포터》에서 주인공 해리 포터를 친구들은 '해리'라고 부르고, 적대적인 등장인물들은 성인 '포터'라고 부르는 모습은 우리나라에서는 보기 힘든 장면이다. 성만으로도 사람을 구분할 수 있는 서양권이나 일본과 달리 우리나라에서는 성만으로 사람을 지칭하는 경우가 드물다.

아버지의 이름이나 가문이 배출한 위대한 인물의 이름을 성으로 사용하는 문화권도 있다. 아이슬란드는 성이 없고 이름 뒤에 '누구의 아들(또는 딸)'이 붙는다. 예를 들어 아이슬란드의 대통령 귀드니 요한네손은 귀드니가 이름이고 '요한네의 아들(손, Son)'이 뒤에 붙는다. 그리고 귀드니의 아들은 귀드니손, 귀드니의 딸은 귀드니도티르가 된다. 아랍권 역시 이와 비슷하다. 세계적인 거부 만수르의 이름은 셰이크 만수르 빈 자이드 빈 술탄 알 나흐얀이다. 이는 술탄 알 나흐얀의 자손인 자이드의 아들 족장 만수르라는 뜻이다.

탑

2025년 3월, 전남 곡성군 태안사의 적인선사탑이 국보로 지정되었다. 이 탑은 통일 신라 시기에 세워졌으며, 혜철 스님의 사리가 있는 탑이다. 우리나라에 불교가 처음 전래한 것은 고대 삼국 시대였기 때문에 국토 곳곳에 유서 깊은 불교 문화재가 많이 남아 있다. 그중에서도 대표적인 탑은 왜 만들어졌고, 어떻게 발전해왔을까?

탑은 산스크리트어로 스투파라고 한다. 스투파는 불교의 발상지인 인도에서 사용되던 용어로, 이를 동아시아 한자 문화권에서 솔도파 혹은 탑파라고 음차(외국어의 소리를 따서 표기)했고, 여기에서 탑이라는 말이 생겼다. 동남아시아 일부 지역에서는 파고다라고 부르는데, 원각사지 10층 석탑이 있는 탑골공원의 이름도 과거에는 파고다공원이었다.

스투파는 원래 석가모니의 사리를 모시기 위한 건축물이었다.

기원전 3세기 인도 마우리아 왕조의 아소카 대왕은 불교적 신념을 실천하기 위해 전국에 수만 개의 탑을 세우고 석가모니의 사리를 나눠 모셨다. 대표적인 것이 산치대탑으로, 돌로 만든 봉분이 연상되는 모양이다. 그러나 불교의 영향력이 커지면서 문제가 생겼다. 석가모니의 사리를 나눠 봉안하기에는 아시아에 새로 생기는 탑이 너무 많았다. 이에 사람들은 사리 대신 석가모니의 머리카락, 치아, 손톱, 의복 등을 대신해서 넣었다. 한반도의 고대 국가들은 석가모니의 진신사리를 중국을 통해 들여와 탑을 세우려 했으나 사리 수가 부족해 깨끗한 모래와 수정, 보석 등을 대신 넣고 탑을 건설했다.

탑에는 불경이나 각종 금석문(돌이나 금속으로 만든 비석 등에 새겨진 글자)도 함께 넣었다. 그래서 훗날 탑을 보수하기 위해 해체하고 재조립하는 과정에서 이런 유물이 발견되어 새로운 역사적 사실들을 알 수 있게 되기도 한다. 대표적으로 흔히 석가탑이라고 불리는 불국사 3층 석탑의 경우 보수를 위해 해체하는 과정에서 탑 안에 봉안되어 있던 무구정광대다라니경이 출토되었다. 이 불경은 현재 존재하는 목판 인쇄물 중 가장 오래된 것으로, 무구정광대다라니경이 출토되기 전까지는 일본의 백만탑다라니경이 세계에서 가장 오래된 목판 인쇄물로 인정받았으나 그 자리를 무구정광대다라니경이 가져왔다.

전북 익산 미륵사지 석탑에서는 금으로 만든 사리봉안기가 출토되었다. 사리봉안기는 사리를 봉안한 내력을 적은 글로, 석탑

조성 과정과 건설 배경도 적혀 있다. 미륵사지 석탑의 사리봉안기에는 백제 무왕과 왕후가 미륵사를 중건했다는 당시 기록이 남아 있다. 그런데 고려 시대 승려 일연이 저술한 《삼국유사》에 백제 무왕은 서동요 설화의 주인공이라고 나온다. 이 설화에 따르면 무왕의 왕비는 신라 진평왕의 딸인 선화공주여야 하는데 사리봉안기에는 백제 귀족인 사택적덕의 딸로 기록되어 있다. 이에 학자들은 서동요 설화가 사실을 반영한 이야기가 아니거나 무왕에게 여러 왕비가 있었다는 등 다양한 해석을 내놓고 있다.

탑의 모양은 지역과 시대에 따라 달라진다. 중국에서는 주로 벽돌로 만든 전탑이나 나무로 만든 목탑이, 일본에서는 목탑이 주로 세워졌다. 우리나라는 화강암이 풍부해 석탑을 주로 만들었는데, 분황사 모전석탑처럼 돌을 벽돌 모양으로 깎아 전탑 양식의 탑을 만들거나, 미륵사지 석탑처럼 석재를 사용했지만 목탑 건축 방식으로 짓기도 했다. 고려 시대와 조선 시대에 접어들면서 탑의 층수가 많아지는 모습을 볼 수 있다. 현재 국립중앙박물관에 전시된 경천사지 10층 석탑과, 탑골공원에 있는 원각사지 10층 석탑이 대표적이다.

갓

최근 넷플릭스 애니메이션 〈케이팝 데몬 헌터스〉가 세계적인 인기를 끌면서 여기에 등장하는 보이 그룹 사자 보이즈가 착용한 갓도 주목받고 있다. 서구권 시청자들에게 한국의 전통 의복과 장신구가 신선하면서도 멋스럽게 다가왔기 때문이란다. 이 영향으로 국립중앙박물관에서 판매하는 갓과 관련 기념품이 품절되기도 했다.

갓은 삼국 시대부터 사용했던 것으로 추정된다. 경주의 금령총에서 출토된 모자나, 고구려 고분 벽화에 등장하는 인물의 복식(옷과 장신구)에서 그 흔적을 살펴볼 수 있다. 고려 시대에는 왕이 관리들에게 갓을 착용하도록 명했고, 관품, 즉 관리들의 등급에 따라 갓을 장식하는 보석 종류를 달리했다는 기록도 남아 있다. 이후 조선 시대에는 태종 때에 관리들에게 사모를 쓰게 해서 갓은 평상복에 착용하는 모자가 되었다. 갓의 모양 역시 시기에 따라 조금씩 변화했다.

우리에게 익숙한 갓은 보통 말총으로 만든 흑립이다. 말총으로 만든 흑립이 정착된 것은 조선 중기로 추정된다. 갓의 재료는 대나무나 옹골 등의 식물성 재료를 사용하다가 말총으로 넘어가는데, 조선 초기를 다룬 사극을 보면 대나무로 만든 죽립에 까만 칠을 한 갓을 쓰고 다니는 인물들을 볼 수 있다. 이를 보고 갓이 이상하게 생겼다고 생각할 수 있지만 오히려 잘된 고증이다. 이 외에도 갓은 얇게 쪼갠 대나무로 만드는 패랭이나 볏짚을 엮은 초립 등 다양한 종류가 있었다. 시간이 지나며 점차 패랭이는 신분이 낮은 사람들이, 초립은 소년이 착용하는 모자가 되었다.

흰색 갓도 있었다. 얇게 쪼갠 대나무로 갓의 모양을 만든 후 그 위에 베를 입힌 것으로 백립이라고 불렸다. 이 갓은 상복에 착용했다. 또한 고위 관리들이 융복(행차나 전쟁에 나갈 때 착용하는 복식)을 입을 때는 붉은색 갓인 주립을 착용하기도 했다. 갓에 붉은 칠을 하거나 붉은 천으로 갓을 쌌다.

조선 후기에 들어서면서 신분제는 점차 흔들리기 시작했고, 경제적으로 몰락한 양반들도 다수 등장했다. 이런 상황에서 갓은 자신이 아직 양반이라는 자존심을 지켜주는 도구였다고도 볼 수 있다. 그래서 조선 후기의 실학자 박제가가 쓴 《북학의》에는 집 안에 동전 한 푼 없는 양반도 옷을 차려입고 갓을 쓴 채 큰소리를 친다며 이를 비판하는 내용이 기록되어 있다.

등대

　전라남도 여수의 수리도 등대가 111년 만에 무인 등대로 전환한다. ICT 기술의 발전으로 등대를 원격 제어할 수 있게 됨으로써 2019년부터 진행된 유인 등대 무인화 사업의 일환으로 실시된 것이다. 어두운 밤바다에서도 배들이 길을 잃지 않고 안전하게 항구로 도착할 수 있도록 안내해주는 등대는 어떤 역사를 가지고 있을까?

　고대에는 동양과 서양을 가리지 않고 횃불이나 봉화를 등대 대신 사용했다. 《삼국유사》에 금관가야의 김수로왕이 아유타국의 공주 허황옥을 맞이하기 위해 망산도라는 섬에 불을 밝혀 뱃길을 안내하라고 명령했다는 기록이 남아 있다. 또한 조선 시대까지도 주로 바닷길 안내는 바다에 띄워 둔 향도선을 이용해 선박이 무사히 항해할 수 있도록 했다는 기록이 있다.

　건축물로 지어진 첫 등대는 이집트 알렉산드리아 파로스 섬의 등대로 알려져 있다. 기원전 3세기 프톨레마이오스 1세가 건설을 시작했고 그의 아들 프톨레마이오스 2세 때 완공되었다. 이 건축물이 얼마나 웅장하고 거대했는지 그리스에서는 등대가 세워진 섬 이름인 파로스가 등대를 의미하는 명사화될 정도였다.

이 등대 꼭대기에는 거대한 거울이 있어서 낮에는 햇빛을, 밤에는 화로의 불빛을 반사해 뱃길을 안내했다. 거울이 아주 커서 55킬로미터 밖까지 불빛이 퍼져 나갔고, 맑은 날에는 거울에 바다 건너 콘스탄티노폴리스(현 튀르키예 이스탄불)가 비쳤다는 이야기도 전해진다. 그래서 이집트 지역이 이슬람 왕조의 손에 넘어간 이후, 비잔티움 제국의 황제가 첩자를 보내 등대 밑에 어마어마한 양의 금은보화가 숨겨져 있다는 정보를 칼리프(이슬람 왕조의 정치 및 종교 지도자)에게 전했다는 이야기가 있다. 이에 칼리프가 등대를 해체하려다 취소하는 과정에서 거울이 깨졌다고 한다. 하지만 저마다 디테일이 조금씩 다르고, 이후의 이슬람 기록에서도 등대와 관련된 기록이 꾸준히 발견되는 것으로 볼 때 이는 역사적 사실일 가능성은 적다.

파로스 등대는 지진 등으로 14세기쯤 무너졌고, 15세기에는 무너진 등대의 잔해를 이용해 군사 요새를 건설하는 바람에 역사 속으로 완전히 사라졌어도 그 명성이 우리나라에까지 전해진 모양이다. 조선 태종 때 만들어진 세계지도 혼일강리역대국도지도에는 이집트 카이로 부근에 탑 모양 그림이 그려져 있다. 이것이 파로스 등대를 묘사한 것으로 추정된다. 이 지도는 현재 원본은 없고 모사본이 일본과 우리나라에 있는데, 한국학중앙연구원이 소장 중인 판본에서는 등대 그림을 찾아볼 수 없고, 등대 추정 그림은 일본의 모사본에만 있다.

근대식 등대가 우리나라에 등장한 것은 개항 이후다. 강화도 조약(1876) 이후 부산과 인천, 원산이 개항되면서 드나드는 선박이 많이 늘어나자 횃불로는 한계가 있었고, 이에 1895년에 전 해역에 걸쳐 등대 건설 지점을 조사했고, 1902년에는 해관등대국을 설치해서 등대 건설을 시작했다. 그리고 1903년 우리나라 최초의 근대식 등대인 팔미도 등대와 소월미도 등대가 인천항에 지어져 불을 밝혔다.

팔미도 등대는 한국 전쟁이 한창이던 1950년 9월 15일 인천상륙작전 성공에 결정적인 역할을 했다. 당시 작전 성공에는 안전한 뱃길 확보가 최우선이었다. 한·미군 병사들은 팔미도에 침투해 9월 14일 자정에 등댓불을 밝혔고, 이 불빛을 보고 인천 앞바다로 모여든 유엔군 함대가 15일 새벽 상륙작전을 벌일 수 있었다. 팔미도 등대는 2003년까지 사용되었고 지금은 역사적 건물로 남아 있다.

일기예보

　과학이 발전하지 않았던 과거에는 누적된 경험이나 점성술(천체 현상을 관찰해 인간의 운명이나 장래 등을 점치는 것) 등으로 날씨를 예측했다. 우리나라를 포함한 대부분의 나라에는 '제비가 낮게 날면 비가 내린다'처럼 날씨와 관련된 속담이 있는데, 이는 날씨와 관련된 인류의 지속적인 경험을 토대로 만들어진 것으로, 훗날 과학적으로 근거가 있다고 밝혀진 것도 많다. 실제 제비의 먹이가 되는 곤충은 날씨가 흐리고 습도가 높으면 날개가 무거워져 땅 가까이 내려오고 제비는 먹이를 먹기 위해 낮게 날기 때문에 이 속담은 근거가 있다.

　학문적으로 기상학을 연구하고 날씨를 예측하려 한 사람은 고대 그리스의 철학자 아리스토텔레스다. 그는 기상 현상이 나타나는 원인을 불, 흙, 물, 공기의 상호 연관성과 상태 변화를 통해 설명하는 《기상학》이라는 책을 썼다. 현대의 기준으로 보면 틀린 설명이 상당히 많지만, 당시 기준으로는 논리적으로 받아들여져 중세까지 기상 현상을 이해하는 교과서처럼 쓰였다.

17세기 이후 기압(공기의 압력)을 측정하는 기구인 기압계 등 기상관측 기구가 발전하면서 기상 현상을 과학적으로 기록하고 분석할 수 있었다. 17세기 독일의 과학자 오토 폰 게리케는 매일 관측하던 기압계의 수치가 갑자기 떨어진 것을 보고 폭풍우가 올 것을 예측하기도 했다.

이후 영국에서 산업혁명이 일어나 통신 기술이 발전하면서 일기예보라는 개념이 확산하기 시작했다. 전신(문자나 숫자를 전기신호로 바꿔 전파 등으로 보내는 통신)을 통해 세계 각지에서 관측한 기상 자료를 빠르게 전송하면서 매일 일기도를 만들 수 있게 되었다.

프랑스는 최초로 정부 차원에서 기상국을 만들어 일기예보를 시작한 나라다. 러시아와 오스만제국·영국·프랑스·사르데냐 연합군이 크림반도와 흑해를 둘러싸고 벌인 전쟁인 크림 전쟁(1853~1856)에 참전했던 프랑스 군함이 폭풍우를 만나 침몰하는 사건이 발생하자, 프랑스 정부는 해왕성을 발견한 것으로 유명한 천문학자 위르뱅 르베리에에게 대책 마련을 의뢰했다. 르베리에는 세계 각국의 천문대와 기상 관측소로부터 관찰 기록을 받아 해당 폭풍우의 발생 지점과 이동 경로를 분석했고, 이를 당시 프랑스 황제 나폴레옹 3세에게 보고해 신임을 얻으며 1863년에는 세계 최초로 매일 일기도를 신문에 싣기 시작했다.

신호등

보행자 신호등 중에는 불이 녹색일 때 남은 시간을 표시해주는 것이 있다. 이 잔여 시간 표시 장치를 차량 신호등에도 다는 방안을 추진한다고 한다. 운전자들이 신호가 바뀌기 전까지 남은 시간을 알면 교차로 교통체증을 줄일 수 있을 것으로 보인다.

교통안전을 보장하고 차량 흐름을 통제하기 위해 대부분 국가는 신호등을 사용하고 있으며, 전 세계 국가들 대부분이 같은 색상과 의미의 신호등을 쓰고 있다. 신호등은 교통수단이 발전하면서 등장했다. 교통수단이 많이 없던 과거에는 사람들이 대부분 도보로 다녔고, 말이나 마차, 가마 등을 사용할 수 있는 계층은 소수 상류층이어서 교통 신호가 크게 필요하지 않았다. 그러다 전차와 자동차 등이 등장하고 점점 도로 상황이 복잡해지자 사람의 통제만으로는 교통정리가 쉽지 않아졌다.

대표적인 곳이 19세기 영국 런던이었다. 당시 런던 도로는 자동차에 마차, 자전거, 전차 등 다양한 교통수단이 섞여 엄청난 혼잡을 빚었다. 이를 해결하기 위해 1868년 런던 팔리아멘트 스퀘어(국회의사당 광장)에 교통 신호등이 세워졌다. 이 신호등은 교통경찰이 직접 수동으로 작동하는 방식으로, 적색과 녹색 2개 신호를 표시했다. 교통경찰은 가스램프로 신호를 표시했으며, 신호를 바꾸기 전에는 호루라기를 부는 등 소리를 내어 신호 변경을 예고했다. 간혹 램프가 폭발하는 사고로 경찰이 크게 다치자 이후 석유와 촛불 등 다른 방식을 썼다.

전기를 이용한 신호등은 미국 경찰관 레스터 와이어가 1912년 개발했다. 이 신호등 역시 수동 방식으로, 경찰관이 길옆에 서서 기기를 조작해 신호를 바꾸는 방식이었다. 자동으로 신호가 바뀌는 신호등은 1923년 미국의 발명가 개럿 모건이 발명했다. 모건은 끔찍한 교통사고를 목격한 후 같은 사고가 다시 일어나지 않도록 하겠다며 자동 신호등을 개발했다. 모건의 신호등은 처음에는 적색과 녹색 신호만 있었고, 신호가 바뀔 때 부저를 울려 신호가 바뀐다는 경고음을 내보내는 방식이었다. 이후 운전자가 차를 멈출 수 있도록 알리는 목적의 황색 신호가 추가된 3색 신호등으로 바뀌었고 이 방식이 현재까지 이어지고 있다. 모건은 축구에서 과한 반칙을 한 선수가 받는 옐로카드와 레드카드도 신호등의 색상에서 아이디어를 얻어 개발한 신호등으로 1923년에 특허를 받았다.

우리나라에서는 일제 강점기 때 처음 신호등이 도입되었다. 종로에 설치된 이 신호등은 빛을 내는 방식이 아니라 신호에 해당하는 색상의 날개를 수동 조작해 튀어나오게 하는 방식으로, 엄밀히 말하면 신호기에 가까운 물건이었다. 지금 같은 전기 신호등은 광복 이후 늘어났다. 최근에는 길에서 스마트폰만 보며 걷는 사람들 때문에 교통사고가 늘고 있어, 이런 사고를 예방하기 위해 보도 바닥에 신호를 표시하는 바닥형 신호등도 등장했다. AI의 발전으로 교통량 데이터를 기반으로 효율적으로 신호를 변경하는 스마트 신호등 시스템도 발전하고 있다.

시계

　인류는 해시계부터 현재 스마트워치에 이르기까지 시간을 알고 표시하기 위한 시계를 발전시켜 왔다. 정밀한 해시계가 발명되기 전에는 막대를 꽂아 그림자를 살피는 원시적인 방법을 썼다. 땅에 막대기를 꽂고 그림자 길이와 방향을 통해 시간을 파악했다.

　이후 문명이 발달하면서 둥근 원반에 막대를 꽂고 원반에 눈금을 표시해 시간을 파악하는 해시계가 발전했다. 처음에는 막대기를 수직으로 세웠지만, 이후 사람들은 막대기가 북극성을 가리키도록 살짝 기울여야 더 정확한 시간을 파악할 수 있음을 깨달았다. 최초의 해시계는 고대 이집트의 것으로 전해지는데, 비슷한 시기 메소포타미아 문명에서도 해시계를 사용했을 것으로 추정된다.

　하지만 해시계는 어두운 밤이나 날씨가 흐릴 때는 사용할 수 없다는 단점이 있었다. 이를 극복하려고 발명한 것이 물시계다. 기원전 15세기쯤부터 사용된 물시계는 물그릇에 눈금을 새긴 후 구멍을 통해 물이 일정한 속도로 빠져나가게 한 뒤 남아 있는 물의 높이에 따라 시간을 파악하는 방식이었다. 기원전 3세기쯤 이집트 알렉산드리아에서 그리스의 물리학자이자 발명가 크테시비오스는 원통 용기에 일정한 속도로 물이 차도록 한 뒤 그 위에 인형을 띄웠다. 인형이 눈금을 가리켜 시간을 알려주는 방식의 물시계를 발명한 것이다.

중세 유럽에서는 불시계가 널리 사용되었다. 불시계는 초나 기름 등 연료의 잔량으로 시간을 파악하는 원리다. 초에 불을 붙이고 초가 짧아진 정도를 보거나, 램프에 불을 붙여 램프의 기름이 줄어든 정도에 따라 시간을 파악하는 방식이었다.

과거에는 지금처럼 정확한 시간을 알아야 할 필요성이 적어 이런 방식의 시계로도 불편함 없이 살아갈 수 있었다. 하지만 두 가지 이유로 사람들은 좀 더 정확한 기계식 시계를 발명했다. 첫째는 종교적 이유였고, 둘째는 16세기 전후 신항로 개척과 대양 항해 때문이었다. 기계식 시계는 13~14세기 중동과 유럽을 중심으로 만들어졌는데, 기도해야 하는 정확한 시간을 알리려는 목적이었다. 이슬람은 하루에 다섯 번 메카를 향해 기도해야 하는 의무가 있었고, 가톨릭 역시 십자군 전쟁을 전후로 삼종기도라고 하여 매일 3회 올려야 하는 기도가 등장했다. 정확한 시계가 종교 생활에 필수였다. 아울러 넓은 바다를 항해하려면 정확한 해도(항해용 지도)를 만들어야 했고, 그러려면 정확한 시계가 필요했다. 처음에는 기계식 시계가 상당히 부정확했지만, 16세기 말 이탈리아 발명가 갈릴레오 갈릴레이가 흔들이 운동의 등시성 원리를 발견하고, 이를 네덜란드 수학자 크리스티안 하위헌스가 시계에 응용하면서 정밀도가 매우 높아졌다.

망원경

　몇 년 전, 중국 최대의 전파 망원경 톈옌(天眼)이 그동안 포착하지 못한 새로운 전파를 포착했다고 중국 베이징사범대 천문학과 연구팀이 발표했다. 연구팀은 당초 이 신호를 두고 "외계 문명의 신호"라고 했으나 학계 반응은 부정적이다. 지구의 전자파가 간섭을 일으켜 새로운 전파로 보였을 확률이 높기 때문이다. 그렇다면 멀리 있는 물체를 관측할 수 있는 망원경은 어떤 역사를 품고 있을까?

　1608년 네덜란드의 안경 제작자였던 한스 리페르세이는 거리를 둔 2개의 렌즈로 물건을 보면 실제보다 훨씬 크게 보인다는 사실을 발견한다. 두 렌즈는 각각 볼록 렌즈와 오목 렌즈였다. 이후 그는 원통 안에 두 렌즈를 넣어 사물을 확대해 볼 수 있는 기구를 발명했다. 이렇게 렌즈를 이용해 상(像)을 확대하는 방식의 망원경이 굴절 망원경이다. 이 발견에 대해서는 전해지는 이 야기가 서로 다르다. 리페르세이 본인이 발견한 것이 아니라 안 경 렌즈를 세공하고 관리하던 리페르세이 조수가 이 현상을 발 견했다고도 전해지고, 아버지의 일터에서 렌즈를 가지고 놀던 리페르세이 아들이 발견했다고도 한다.

　이탈리아의 천문학자이자 수학자 갈릴레오 갈릴레이는 이 굴 절 망원경을 통해 중요한 업적을 남긴다. 갈릴레이는 여러 번 의 시도 끝에 물건을 32배 확대해서 볼 수 있는 망원경을 개발 했고, 이를 통해 밤하늘의 여러 천체를 관측했다. 이때 갈릴레이 는 달의 표면이 울퉁불퉁하다는 것, 토성에 '귀 모양의 이상한 물 체'(토성의 고리)가 있다는 것을 최초로 발견했다. 당시의 기술 적 한계로 인해 토성의 고리 모양이 선명하게 보이지는 않았다. 이후 굴절 망원경은 케플러와 하위헌스에 의해 개량되었다.

　하지만 빛(파장)이 렌즈를 통과하며 상이 더욱 확대되는 원리 로 만들어진 굴절 망원경은 색이 왜곡된다는 한계가 있었다. 파 장별로 렌즈를 통과하는 굴절률이 달라 일부 색이 번져 보이는 현상이 발생했다. 이를 개선한 것이 반사 망원경이다. 최초의 반 사 망원경은 영국의 물리학자 아이작 뉴턴이 발명했다. 반사 망 원경은 렌즈가 아니라 거울을 이용해 빛을 반사해 상을 확대하 는 원리여서 색의 왜곡이 발생하지 않는다는 장점이 있다. 이 때 문에 지금도 시민들을 대상으로 관측 프로그램을 제공하는 천 문대 망원경은 반사 망원경으로 제작되고 있다.

　이후 망원경은 전파 망원경으로 한 번 더 진화한다. 우주에서 지구로 오는 전파를 안테나로 수집한 뒤 이 데이터를 이미지로 변화시키는 망원경이다. 그래서 안테나가 달린 거대한 접시처럼 생겼다. 다만 분해능(서로 떨어져 있는 물체를 구분할 수 있는 능력)이 떨어지기 때문에 같은 크기의 광학 망원경(굴절 망원경이나 반사 망원경)에 비해서는 해상도가 떨어진다는 단점이 있다. 이 단점을 상쇄하기 위해 서로 여러 개의 전파 망원경을 설치하고 전파를 통해 얻은 이미지를 중첩하는 방식을 사용한다. 최초의 전파 망원경은 1931년에 미국의 물리학자이자 천문학자인 칼 구스 잰스키가 발명했다. 대서양을 가로지르는 전파 통신에서 혼선이 발생해 이 원인을 조사했고, 알 수 없는 잡음이 우주로부터 온 전파로 인한 현상이라는 사실을 밝혀내면서 전파를 통해 우주에서 보내는 신호를 파악할 수 있다는 아이디어로 이어진 것이다. 2019년에는 세계 각지의 전파 망원경을 연결하는 프로젝트를 통해 블랙홀에서 보내오는 전파를 토대로 블랙홀의 실물을 최초로 시각 이미지화하는 데 성공하기도 했다.

　전파 망원경은 우주뿐 아니라 지구에서 생기는 전자파까지도 감지한다. 한동안 전 세계 곳곳에서 원인을 알 수 없는 전자파가 발생하며 천문학자들을 괴롭혔다. 천문학자들은 이 전자파를 페리톤이라고 불렀다. 페리톤은 아르헨티나의 작가 호르헤 루이스 보르헤스가 상상해낸 상상의 동물로, 그 정체를 알 수 없다는 점에서 착안해 상상의 동물의 이름을 붙였다. 2015년 그 정체가 밝혀졌는데, 천문대 직원들이 사용한 전자레인지에서 나온 전자파가 원인이었다. 사람들이 작동 중인 전자레인지 문을 여는 과정에서 전자파가 밖으로 노출되었고, 이것이 전파 망원경에 포착된 것이다.

은행

고대 메소포타미아 문명에서는 국가가 은행의 역할을 일부 수행했다. 왕궁이나 사원, 개인에게 돈을 빌린 사람은 나중에 추수한 보리 등으로 갚아야 하는데, 국가는 이 채무 관계를 증명하는 점토판을 발급했다. 고대 그리스의 신전은 돈이나 귀중품을 보관해주는 역할도 해서, 사람들은 전쟁 기간 자기 재산을 신전에 맡겼다. 신전은 많은 사람이 오고 가는 곳이기 때문에 남이 보지 않을 때 몰래 물건을 훔쳐 가는 일이 거의 불가능했고, 신성한 장소에서 도둑질하면 천벌을 받는다는 종교적 믿음도 있었기 때문이다. 점점 신전에 재물을 맡기는 사람들이 늘어나자 신전에서는 보관 수수료를 받기도 했다.

영화 〈300〉으로 유명한 그리스-페르시아 전쟁 이후 그리스 세계의 단합을 위해 아테네를 중심으로 구성된 델로스 동맹의 동맹 기금 금고 역시 델로스 섬의 아폴론 신전에 보관되었다. 이 금고는 이후 아테네의 파르테논 신전으로 이전되는데, 이것이 동맹 붕괴의 원인을 제공하기도 했다.

환전의 개념은 14~16세기 무렵 르네상스 시대에 등장했다. 십자군 전쟁으로 지중해 교역망이 성장하자 이탈리아는 교역의 중심지가 되었다. 그러다 보니 여러 나라의 화폐가 이탈리아로 모였고, 주로 유대인 대부업자들이 환전상의 역할을 했다. 대부업자들은 기다란 탁자에 각국의 화폐를 올려놓고 환전해주었는데, 이때 사용된 탁자의 이름이 방카(banca)였다. 현대 은행을 의미하는 영어 단어 뱅크(bank)는 여기에서 기원했다.

돈을 맡겼을 때 이자를 지급해주는 개념은 어떻게 등장했을까? 17세기 영국의 금 세공업자들은 사람들의 금을 보관하고 보관증을 발급해주었다. 그런데 사람들이 자기 금을 되찾아 가지 않고 발급받은 보관증으로 또 다른 거래를 하기 시작했다. 금보다 보관증이 거래할 때 쓰기 편해서였다. 보관증이 일종의 지폐가 된 것이다. 사람들이 점점 자신이 맡겨둔 금을 찾아가지 않게 되었고, 실제로 금을 되찾아 가는 이들은 전체의 10퍼센트 정도에 불과했다. 세공업자들은 창고에 금이 쌓이자 금이 필요한 사람들에게 빌려주고, 이자를 쳐서 돌려받는 대부업을 시작했다. 자신이 맡긴 금으로 대부업자가 이익을 얻자 사람들이 항의하기 시작했고, 이에 세공업자들은 금을 계속 맡기면 수익 일부를 나누어주겠다고 약속한다. 이것이 최초의 예금 이자 개념이다.

이 시기 은행이 현금을 지급하지 못해 파산하는 뱅크런 사태가 일어나기도 했다. 금 세공업자들은 점차 금이 아닌 금 보관증을 빌려주는 사업도 시작했다. 그런데 창고 내의 금 보유량이 충분하지 않은데도 보관증을 발급해주는 상황이 벌어졌고, 있지도 않은 금으로 사업을 한다고 생각한 사람들이 자기 금을 돌려달라고 요구하기 시작했다. 실제 보관하는 금보다 반환을 요구하는 금의 양이 더 많아지자 파산하는 세공업자도 생겼다. 이때 영국 왕실이 금 세공업자들에게 구원의 손길을 내밀었다. 왕실은 돈이 필요했고, 금 세공업자들에게 투자받는 대신 실제 금 보유량의 3배에 이르는 액수의 대출 사업을 승인해준 것이다.

이런 현상은 현대에 뱅크런 사태가 일어나는 원리와 비슷하다. 은행은 단순히 돈을 맡아주고 이자를 지급하는 곳이 아니라, 맡은 예금액을 대출해줌으로써 이자를 받아 수익을 내는 기업이다. 그래서 은행의 현금 보유고는 전체 예금액의 총합보다 적을 수밖에 없는데 예금으로 받은 돈 대부분을 대출해주고 있기 때문이다. 그래서 모든 예금주가 동시에 자신의 예금을 현금으로 찾아가면 은행은 현금을 지급하지 못해 파산에 이르는데, 이것이 뱅크런이다. 은행이 안정적으로 운영될 때는 은행 잔고를 신뢰해서 모든 예금주가 돈을 되찾아 가려는 모습을 보이지 않고, 따라서 은행 금고 내에 돈이 예금 총량보다 부족해도 문제가 되지 않는다. 하지만 경제 위기 등으로 인해 은행에 대한 신용도가 낮아져 예금주들이 한꺼번에 인출을 요구하는 경우 은행은 뱅크런 위기에 처한다.

보일러

　겨울은 보일러가 쉴 틈 없이 돌아가는 계절이다. 가정집 보일러는 데운 물을 바닥에 깔린 온수관으로 흐르도록 만드는 방식으로, 우리나라에 보일러가 보급되기 시작한 것은 100년도 채 되지 않았다.

　과거에는 주로 화로를 이용해 공기를 덥혔다. 그런데 추운 만주 지역에 세워진 부여에서는 기원전 4세기 색다른 난방 방식이 최초로 시작되었다. 아궁이에서 굴뚝까지 고랑을 파고 불을 지폈을 때 생기는 따뜻한 연기가 이곳을 지나 나가도록 한 것이다. 그 위에는 얇고 넓은 돌인 구들장을 설치했다. 이 구들장이 바로 온돌이다. 그래서 과거 만주 일대에서는 구들장 문화가 발달했고, 고구려로 이어졌다. 중국 역사서인 《구당서》에도 고구려인은 바닥 아래에 ㄱ자 모양의 구들을 설치해 방을 덥힌다는 기록이 남아 있다. 삼국 통일 이후 신라에도 온돌이 전파되었고, 그러면서 우리나라 특유의 전통 난방 방식으로 정착했다. 신라 중대 효공왕 때 축조된 칠불사 벽안당의 아자방은 한번 아궁이에 불을 때면 49일 동안이나 열기가 식지 않는 구조로 설계되었다.

하지만 온돌이 일반 백성 사이에서 널리 쓰인 것은 한참 후인 조선 후기부터였다. 실제로 많은 고구려의 벽화들에서 온돌을 사용하지 않은 형태의 집 구조나 방안 생활을 담은 그림들이 많았고, 온돌을 사용한 집터 유적 또한 많이 발견되지 않아 온돌을 사용하는 방식과 화로를 사용하는 방식이 함께 사용되었던 것으로 보인다. 조선 전기까지는 궁궐에서도 온돌보다 난로로 난방했다. 왕이 자는 침상 밑에 화로를 넣어 침상 바닥을 데우는 형태였다. 하지만 17세기에 소빙하기가 도래해 평균 기온이 많이 떨어졌고, 이 시기에 온돌이 전국적으로 확산되었다. 또한 이때의 소빙하기로 인해 아시아 곳곳에 기근이 나타나기도 했다. 한반도에서도 경신대기근이라는 참혹한 기근이 닥쳤고, 떨어진 온도와 부족한 식량 사이에서 체력을 보존하기 위해서는 따뜻한 난방이 필수적이었다. 개항기 조선을 방문한 외국인들의 다양한 온돌 체험 기록도 존재한다. 스웨덴 기자인 아손 그렙스트는 "조선인들은 빵처럼 구워지는 것을 좋아한다"라는 재미있는 평가를 남기기도 했다.

현대식 보일러 난방은 의외로 한국인의 작품이 아니다. 일제 강점기 때 미국인 건축가 프랭크 로이드 라이트가 우리의 온돌 건축 방식을 보고 생각해냈다. 일본을 방문한 그는 오쿠라 호텔의 조선관에 묵었다. 이 조선관은 1915년 경복궁 자선당을 해체해서 그 자재를 일본으로 가져가 재건축한 건물로, 온돌 구조를 갖추고 있었다. 그는 온돌을 보고 온수관이 바닥을 지나다니는 방식을 생각했다. 1937년에 지어진 허버트 제이콥스 하우스는 프랭크가 바닥 난방식 보일러를 사용한 대표적인 건축이다.

온수난방 보일러가 우리나라에 들어온 것은 1960년대다. 당시에는 대부분 연탄을 아궁이에 넣어 불을 피우고 따뜻한 연기로 온돌을 데우는 방식을 사용했다. 온수가 파이프를 지나는 형태인 보일러식 바닥 난방과는 달리 연기가 그대로 지나다니는 형태였고, 지어진 지 오래되어 구들장이 훼손되면 일산화탄소 성분이 있는 연탄 연기가 그대로 방에 스며들어 인명피해로 이어지는 일이 종종 있었다. 그래서 1950~1970년대를 다루는 각종 문학작품이나 만화 등에서는 연탄가스 누출과 관련한 에피소드가 빠지지 않고 등장하는 소재로 활용된다.

1961년에 지어진 마포아파트에는 연탄을 이용해 물을 데우고, 물이 온수관을 지나다니는 연탄보일러 설비가 최초로 도입되었다. 처음에는 여전히 아궁이와 온돌을 그대로 사용하는 일반 가정집처럼 연탄가스의 누출 사고를 걱정하는 이들이 많았지만, 생각보다 안전하고 편리하며 따뜻해 가정집마다 연탄보일러가 퍼지면서 1980년대에는 대부분의 가정에서 보일러를 사용했으며, 연료도 기존 연탄에서 석유와 가스 등으로 바뀌었고, 최근에는 전기를 이용한 난방 방식도 점차 확산하고 있다.

분필·칠판

3월이 되면서 개학을 맞이한 학교들이 본격적인 새 학기 수업에 나선다. 수업 시간에 빠질 수 없는 것이 바로 칠판과 분필이다. 시대가 달라져 전자 기기 활용도가 높아졌지만 여전히 많은 수업에서 칠판과 분필을 사용한다.

돌을 다른 돌이나 금속 등에 문지르면 문지른 부분에 흔적이 남는다. 특히 단단한 벽에 덜 단단한 광물을 문지를 경우 광물의 색이 묻어 나온다. 분필도 석회암 가루를 뭉친 막대를 칠판과 같은 단단한 벽에 문질러 색을 칠하는 도구다. 이렇게 본다면 인류는 동굴 벽화를 남기던 구석기 시대부터 칠판과 분필을 사용했다고도 볼 수 있다. 하지만 학교라는 공간에서 수업하기 위해 칠판과 분필을 사용한 것은 이제 갓 200년을 넘겼을 뿐이다.

오랫동안 교육은 대체로 선생님이 책을 읽고 설명을 덧붙이는 방식으로 이루어졌다. 중세 유럽의 대학 강의를 묘사한 그림들을 보면 교수는 높은 강단에 앉아 책을 읽으며 설명하고, 학생들은 이를 듣는 모습이다. 성당이나 교회에서 성직자가 성경 내용을 설명해주는 시간과 유사했다. 당시 교육은 소수 엘리트만 특권적으로 받을 수 있는 가정교육 형태로 이루어졌다. 학생은 어린 시절부터 선생님 가까이에서 말을 주고받으며 수업하는 것이 자연스러웠고, 시각적으로 보여주는 별다른 보조 도구가 필요하지 않았다.

칠판과 분필을 활용한 수업은 근대로 넘어가면서 등장했다. 자유와 평등을 추구하는 시민혁명이 일어나면서 국가가 모든 국민을 교육 대상으로 삼기 시작하면서 여기저기에 학교가 세워졌고, 선생님들은 많은 학생이 수업 내용을 한눈에 이해할 수 있도록 칠판에 분필로 보충 설명하기 시작했다. 19세기 초반 스코틀랜드 에든버러의 학생들은 공책 대용으로 쓸 수 있도록 금속판이나 석판을 들고 학교에 다녔다. 이곳의 한 중등학교에서 교장 겸 지리 교사로 근무하던 제임스 필런스가 이를 수업 도구로 활용하는 아이디어를 냈다. 필런스는 석고를 분쇄한 후 실린더로 압축해서 분필을 만들었는데, 이때 석고를 물들여 흰색뿐 아니라 다양한 색의 분필을 만들어 수업에 사용했다. 금속판을 이어 붙여 교실 앞에 내걸고, 이 위에 자신이 발명한 색분필을 이용해 지도 등을 그리는 수업 방식이었다. 필런스는 자신이 사용하는 이런 방식의 교육을 동료 교사들에게도 똑같이 해볼 것을 권유했고, 이 방식은 특히 지리, 수학, 과학 등의 과목을 가르칠 때 효과가 좋아 널리 퍼져나갔다.

비슷한 시기에 미국에서도 사관학교 수학 교수이던 조지 배런이 칠판과 분필을 이용한 수학 강의를 시작했다. 이 시기의 칠판은 보통 소나무 판을 이어 붙인 뒤 그 위를 검게 칠해 만들었기 때문에 'blackboard(검은 판)'라고 불렸다. 이후 1930년대를 전후해 칠판 색을 눈에 덜 피로감을 주고 심신을 안정시키는 녹색 계열로 바꾸었지만, 칠판은 여전히 블랙보드라고 불리고 있다.

최근에는 분필 가루가 날리지 않는 화이트보드나 물분필, 전자칠판 등이 기존의 칠판을 조금씩 대체하거나 보완하는 추세다. 물분필은 잉크가 충전된 펜을 이용해 판서하는 방식으로 물기로 젖은 칠판 위에도 바로 판서할 수 있고 젖은 칠판 지우개를 이용할 수 있어서 분필 가루가 비교적 덜 날린다. 또한 전자칠판은 터치 센서가 압력이나 전기 신호를 인식해 판서할 수 있는 도구로, 특히 PPT(파워포인트)나 PDF(이동 가능 문서 형식) 등의 학습 보조 자료에 직접 판서할 수 있다는 장점이 있다. 하지만 필기감 문제나 관리 문제, 고장 시 사용 불가능하다는 단점 때문에 여전히 기존의 칠판과 분필을 완전히 밀어내지는 못하고 특별교실 등에 설치하거나 기존의 칠판을 보조할 수 있는 도구로 이용되고 있다.

인형

2023년 개봉한 영화 〈바비〉가 워너브러더스사의 최고 흥행작으로 등극했다. 이전까지 최고 매출 영화는 〈해리포터와 죽음의 성물 2〉(2011)였다. 〈바비〉는 바비랜드에 살고 있던 바비 인형이 현실 세계로 떠나 겪는 이야기를 다루었다. 영화 예고편에는 "태초에 여자아이가 있었던 이후로 언제나 인형이 있었다"는 말이 나온다.

인형의 역사를 석기시대 토우부터 시작한다면 구석기 시대를 대표하는 유물 중 하나인 '빌렌도르프의 비너스'도 인형에 포함될 수 있다. 인형은 그야말로 인류의 역사와 함께 발전했다고 볼 수 있다. 하지만 대체로 인형의 역사를 이야기할 때는 고대 이집트 문명의 기원전 2천 년쯤 유물을 시작으로 보고 있다. 흔히 '패들 인형(paddle doll)'이라고 불리는 이 인형은 널빤지를 팔이 짧고 다리가 없는 여성의 몸통처럼 조각한 후 구슬을 엮어 만든 머리카락으로 장식한 형태다. 대체로 종교 행사를 위한 인형이었던 것으로 추정된다.

인형이 언제부터 장난감 용도로 쓰였는지는 명확하지 않다. 하지만 고대 그리스·로마 시기에는 이미 장난감 인형이 널리 퍼진 것으로 보인다. 인형이 출토되는 무덤이 대부분 세상을 일찍 떠난 아이들의 무덤이기 때문이다. 점토나 나무로 만든 인형 외에 상아나 뼈 등으로 만든 인형도 출토되고 있다. 이 시기 인형은 인체 관절도 묘사하기 시작했고, 실존 인물을 묘사한 인형도 등장한다. 대표적인 것으로는 로마 제국 시기인 서기 150년경에 만들어진 상아 인형으로, 파우스티나 자매를 모델로 만들어졌다고 한다. 이후 인형은 나무, 종이, 천, 밀랍, 도자기 등 다양한 재료와 모습으로 제작되어 발전했다.

인형이 점차 정교해지면서 16~18세기 유럽 상류층 사회에서는 인형 관련 유행이 돌기 시작했다. 바로 '인형의 집'이다. 실제 자기 집과 똑같은 모습으로 정교한 모형을 만들어 벽 등에 전시한 후 자기 가족과 똑같은 모습의 정교한 인형을 설치해 감상하는 것이다. 독일에서 시작한 인형의 집은 이후 유럽 여러 나라로 퍼지며 왕족과 귀족 사이에서 오랜 기간 유행했다. 1921~1924년 사이 제작되어 현재 영국 윈저성에 보관 중인 '메리 왕비의 인형의 집'은 실제 전기와 수도가 작동하는 등 전 세계에서 가장 유명한 인형의 집으로 꼽힌다. 다만 이 인형의 집은 '메리 여왕의 인형의 집'이라는 이름으로 잘못 알려져 있는데, queen이라는 영어 단어를 그대로 여왕으로 번역한 듯싶다. 영국에서 메리라는 이름을 지닌 여왕은 메리 1세와 메리 2세로, 각각 16세기와 17세기의 인물이다. 즉위 시기가 전혀 맞지 않으므로 메리 여왕의 것이 될 수 없다. 제작 연도를 보았을 때 조지 5세의 왕비인 메리 왕비의 것으로 추정된다.

유행하는 패션을 보여주기 위해 인형이 사용되기도 했다. 18세기를 거치면서 최신 유행하는 옷이나 장신구를 외국에 소개할 목적으로 인형에 입혀 다른 나라로 보내는 방식이 생겼다. 하지만 이후 패션 잡지 삽화가 더 보편화되었고, 인형 속에 비밀 메시지를 숨길 수 있다는 이유로 나폴레옹 1세가 이를 금지했다.

잠수함

잠수함이 발명되기 전에도 인류는 바다 속을 이용해 해전이나 수전에서 승리하려는 시도를 여러 번 해왔다. 대표적으로 마케도니아의 알렉산드로스 대왕이 수전을 벌일 때 잠수사를 이용해 적선(敵船)의 밑바닥에 구멍을 뚫어 배를 격침하는 방법을 사용했다. 당시의 잠수사들은 돌이나 금속 등 무거운 물체를 들고 물에 뛰어드는 방식으로 잠수했다고 하지만 역시 활동 시간이 2분을 넘기기는 힘들었다.

15세기에 접어들면서 잠수사들이 좀 더 오랫동안 물속에서 활동할 수 있는 장치가 발명되었는데, 다이빙 벨(잠수종)이 그것이다. 잠수종의 등장으로 잠수부들은 물속에서 수십 분 정도의 활동을 할 수 있게 되었고, 1690년에 핼리혜성의 발견으로 유명한 영국의 천문학자 에드먼드 핼리는 다이빙 벨에 산소를 공급하는 장치를 개발해서 다이빙 벨의 성능을 향상시키기도 했다.

기록으로 남아 있는 잠수함 설계도가 처음 등장한 것은 16세기다. 영국 수학자 윌리엄 본은 원통형 나무통으로 만든 선체에 가죽을 덧씌워 방수한 모양의 잠수함을 설계했다. 잠수함 좌우에 구멍을 낸 가죽 주머니를 단 뒤 이 주머니에 물이 가득 차면 잠수함이 가라앉고 근처에 달린 압축기로 주머니를 압축해 물을 짜내면 다시 떠오르는 원리였다. 다만 실제로 만들지는 않았다고 전한다.

처음으로 잠수함을 만든 사람은 네덜란드 태생 영국인 발명가 코르넬리스 드레벨이다. 그는 1624년 본의 설계를 토대로 잠수함을 만들었는데, 방수를 위해 선체 외벽에 기름칠한 가죽을 덕지덕지 붙이고 잠수함 양옆에는 노를 6개씩 달았다. 이 잠수함에는 당시 영국 국왕 제임스 1세도 탑승했다. 이 일로 제임스 1세는 세계 최초로 잠수함에 탑승한 국왕이 되었다.

이후 발전을 거듭하던 잠수함은 미국 독립전쟁에서 본격적으로 사용되었다. 1776년 미국 발명가 데이비드 부쉬넬은 영국 군함이 바다를 장악한 상황을 타개하기 위해 1인승 잠수함 터틀을 개발했다. 이 잠수함은 길이 약 2미터에 높이 1.8미터인 술통 모양으로, 탑승한 사람이 장치(레버)를 돌리면 외부에 부착된 프로펠러가 회전하며 이동하는 원리였다. 잠수함 위쪽에 뾰족한 송곳 같은 것을 달아 적의 배 밑에 구멍을 뚫을 수 있도록 했다. 당시에는 영국 선박 밑바닥이 금속으로 되어 있어 구멍을 뚫는 데는 실패했지만, 회항하는 과정에서 떨어져 나간 폭약이 적선의 근처에서 폭발을 일으켜 영국군을 놀라게 할 수 있었다. 터틀은 이후 수중 작전을 위해 여러 번 투입되었다.

이처럼 초창기 잠수함은 사람의 힘을 동력으로 이용한 탓에 속도나 이동 거리에 한계가 있었는데, 이를 극복하기 위해 1846년 프랑스 발명가 앙투앙 파이에른이 최초로 증기기관 잠수함을 개발했다. 1898년에는 미국인 발명가 존 필립 홀랜드가 내연기관과 전기 동력을 모두 사용하는 잠수함을 개발해, 이 잠수함에 자신의 이름을 붙였다. 이 홀랜드호는 물 밖에서 이동할 때는 내연기관을, 잠수 시에는 전기 동력을 이용했다. 제1차 세계 대전에서는 독일군이 영국 군함과 군수품을 운송하는 선박을 공격하기 위해 'U보트'로 불리는 잠수함을 적극적으로 이용하면서 잠수함의 군사적 가치가 주목받기 시작했다. 하지만 이 과정에서 미국인 피해가 점점 증가하자 결국 미국이 제1차 세계 대전에 참전하는 결과로 이어졌고, 독일군은 전쟁에서 패배해 막대한 양의 배상금을 물어야 했다.

복권

    일상의 작은 즐거움으로 복권을 사는 사람도 있지만, 어려운 경제 때문에 복권에서 인생 역전의 유일한 희망을 찾는 이들도 있다. 최근 즉석 복권으로 20억 원에 당첨된 시람도 당첨 소감으로 "인생은 한방"이라고 썼다고 한다.

    복권은 고대에 국가가 대규모 사업 비용을 마련하려 도입했다. 중국에서는 진시황이 만리장성 건설과 국방비 마련을 위해 활용했는데, 한자 120자 중 10자를 맞히는 방식이었다. 지금의 로또와 유사한 방식이지만 당첨 확률은 훨씬 낮았다. 이런 방식의 복권이 서양으로 전파된 후 키노(Keno)라는 이름으로 불렸다. 고대 로마의 아우구스투스 황제는 연회에 참석한 손님들에게 음식값을 받고 영수증을 준 뒤 이를 추첨권으로 활용했는데, 당첨자에게는 땅과 노예, 선박 등을 주고 수익은 도시 건설에 썼다.

    복권은 16~17세기 유럽 각국이 절대왕정 체제를 수립하며 성행한다. 왕권을 과시하거나 식민지 개척 등에 큰 비용이 들자 복권을 이용한 것이다. 프랑스에서는 발루아 왕조의 프랑수아 1세가, 영국에서는 튜더 왕조의 엘리자베스 1세가 복권을 활용해 국가 재정을 확보하고자 했던 왕으로 유명하다. 하지만 복권 사업은 1800년대 이후 위기를 맞는다. 도박 등 각종 사행 사업이 기승을 부려 사회를 어지럽히자 복권도 도박이라는 인식이 생겨났다. 그래서 영국은 1826년, 미국에서는 1900년대 초 복권 발행을 금지했지만 이후 불법 도박이 더욱 성행하자 수익금을 사회에 환원하는 조건으로 미국은 1964년, 영국은 1993년에 복권을 부활시킨다. 미국의 하버드대와 예일대, 호주의 오페라하우스 등을 지을 때 복권 기금이 큰 역할을 했다고 전한다.

우리나라에서는 조선 시대 목돈을 모을 목적으로 사람들이 조직했던 산통계의 추첨이 일종의 복권이라 할 수 있다. 사람들이 매달 일정액을 낸 후 통 속에 계원 이름이나 번호를 적은 산알(나무로 만든 둥근 공)을 넣고 흔들어 뽑힌 계원에게 많은 돈을 주는 방식으로, 여기에서 일을 그르친다는 뜻의 '산통 깨다'가 나왔다.

이후 일제 강점기인 1945년 일본 정부는 전쟁 자금을 마련하려 승찰이라는 복권을 발행했다. 해방 이후 이재민이 발생하거나 각종 박람회와 올림픽 등 비용이 필요하면 나라에서 비정기적으로 복권을 발행하기도 했다. 1969년 우리나라 최초로 정기적으로 발행하는 주택복권이 등장했다. 판매 금액은 100원, 1등 당첨금은 300만 원이었다. 복권 이름에 '주택'이 붙은 것은 국가 유공자와 베트남 파병 군인에게 주택을 마련해주는 것이 발행 목적이었고, 당시 서울의 집 한 채 값이 평균 200만 원 정도여서 당첨금으로 집을 살 수 있었기 때문이다. 이후 물가 상승으로 주택복권 당첨금도 올라갔지만 1990년대 동전으로 긁어 당첨 여부를 바로 확인하는 즉석 복권이 등장해 주택복권의 인기는 점점 줄었다. 결정적으로 2002년 숫자 45개 중 6개를 맞히는 로또가 거액 당첨금을 내걸고 발행되면서 주택복권은 2006년에 역사 속으로 사라졌다.

스승의 날

매년 5월 15일은 스승의 날이다. 그런데 이날이 세종대왕 탄신일이라는 사실을 알고 있는가? 스승의 날은 1958년 충남 지역의 청소년 적십자 단원들이 병석에 누워 있던 선생님을 방문한 것을 계기로 생겼다고 한다. 처음에는 9월에 은사의 날로 기념하다가 1965년부터는 조선 세종대왕 탄신일을 양력으로 환산한 날짜인 5월 15일에 스승의 날을 기념했다. 세종대왕을 민족 전체의 스승이라고 생각하는 관념 때문이었다. 흔히 세종에 대해서는 자격루 등 각종 발명품이나 백성을 사랑했던 왕이라는 이미지가 먼저 떠오르지만, 사실 세종은 이 외에도 다양한 업적을 남긴 왕이었다.

우선 세종이라는 묘호에서 의외의 사실을 발견할 수 있다. 세종이 영토를 넓힌 정복 군주라는 점이다. 묘호란 왕이 죽은 다음 붙이는 호칭으로, 죽은 왕이나 황제를 종묘에서 제사 지낼 때 사용하는 칭호다. 묘호는 그냥 붙여지는 것이 아니라 왕이 생전에 남긴 업적에 의해 붙여져, 왕의 묘호를 통해 어떤 왕인지 대략적인 추측이 가능하다. 일반적으로 세종은 영토를 넓힌 정복 군주나 치적이 탁월한 성군에게 붙는 묘호다.

세종은 다양한 문화 및 제도적 업적을 남긴 왕으로 기억되지만, 오늘날 우리나라 헌법에 명시된 영토의 기초를 마련한 인물이기도 하다. 세종 때 북방의 4군 6진을 개척하며 압록강과 두만강으로 이어지는 국경이 확정되었다. 실제로 《문종실록》 1권 문종 즉위년 3월 13일 기록을 보면 신하들이 왕의 업적에는 문종이라는 묘호가 더 어울리니 묘호를 바꾸자고 주장했지만, 뒤를 이어 즉위한 세종의 아들이 4군 6진의 개척을 의미하는 북방에서의 업적을 제시하며 묘호를 세종에서 바꾸지 않겠다는 의견을 내는 모습을 볼 수 있다. 재미있게도 이때 신하들이 제시한 문종이라는 묘호를 바로 이 왕이 받았다.

세종의 재위 시기에는 앙부일구와 자격루, 측우기 등 다양한 과학 발명품이 제작되었는데, 특히 천문학 분야에서 큰 발전을 이루었다. 혼천의와 간의 등 천문 측정 기구가 발명되었고, 명으로부터 받은 대통력이 조선의 실정에 맞지 않자 중동 역법 등 여러 역법을 참고해 조선의 실정에 맞춘 역법서 《칠정산》이 편찬되기도 했다. 이런 천문학적 업적 때문에 일본의 천문가 와타나베 가즈오는 1996년에 자신이 발견한 소행성에 세종의 이름을 붙여 해당 소행성은 '7365 세종'이라고 불리고 있다.

세종은 백성을 아끼는 애민 정신으로 유명한 왕이기도 하다. 세종은 당시로서는 파격적으로 관노(공노비)들의 출산 휴가 기간을 대폭 늘려주었다. 일주일이었던 출산 휴가 기간을 100일로 늘리고, 어머니뿐 아니라 아버지에게도 출산 휴가를 부여했다. 또한 음악이 금지되었던 국상(國喪) 기간에 맹인 음악가들의 수입이 끊기자 국가에서 곡식을 하사했고, 장애인의 자녀에게는 나라에서 백성에게 지우는 부역을 면제했다. 또한 조세 제도를 개혁해 토지 비옥도와 풍년, 흉년에 따라 납세액을 매년 다르게 책정하는 제도를 만들었다. 이때 백성들에게 도움 되는 세금 제도를 만들기 위해 백성의 의견을 묻는 일종의 여론조사를 시행하기도 했다. 이 여론조사는 무려 5개월이 걸리는 큰일이었다.

세종은 고기를 좋아하기로 유명한 왕이었는데, 과중한 업무로 운동과 수면은 부족했다. 그 결과 체형이 비대해지고 건강이 크게 악화했다. 세종은 말년에 질병 치료를 위해 온천욕을 즐겼나, 효험 있는 온천을 신고하는 경우 상을 내리기도 했다. 서울시 지하철 7호선 온수역이 있는 온수동의 지명은 세종과 관련 있다. 《세종실록》 83권 세종 20년 11월 8일자에는 이 지역에 온천이 있다는 이야기를 듣고 땅을 파보게 했으나 온천을 찾지 못하자 왕에게 온천을 숨기는 것으로 여겨 처벌을 내렸다는 기록이 있다. 이 이야기를 들어 세종이 과연 백성을 사랑한 군주가 맞는지 의심하기도 한다. 하지만 그 이후의 기록을 보면 세종의 병이 깊어지자 신하들이 온천욕을 권했음에도 불구하고 세종이 백성들에게 끼치는 민폐를 고려해 거부했다는 기록도 있어, 하나의 에피소드만으로 세종이 남긴 수많은 애민 흔적을 부정할 수는 없을 것이다.

게 끼치는 민폐를 고려해 거부했다는 기록도 있어, 하나의 에피소드만으로 세종이 남긴 수많은 애민 흔적을 부정할 수는 없을 것이다.

주민등록증

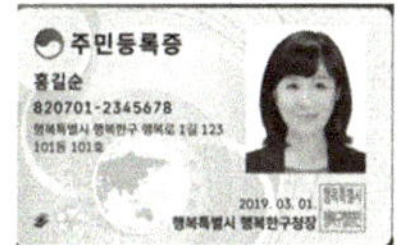

　2025년 9월, 국가정보자원관리원에서 발생한 화재로 모바일 주민등록증 서비스가 잠시 멈췄다. 요즘은 스마트폰으로 결제나 교통카드, 신분증 기능까지 쓸 수 있어서 지갑을 따로 들고 다니지 않는 사람도 많다. 그런데 이 화재로 모바일 신분증이 중단되면서 불편을 겪은 사람이 적지 않았다.

　조선 시대의 주민등록증 하면 호패가 떠오른다. 이는 나무나 상아 조각에 이름과 나이, 출신지 같은 정보를 새겨 넣은 신분증이었다. 신분에 따라 적는 내용이 달랐다고 한다.

　한국 전쟁이 끝난 뒤에는 도민증이라는 신분증이 생겼다. 전쟁이 끝난 지 얼마 되지 않아 나라 안이 혼란스러웠고, 피란민이나 월남한 사람이 많아 누가 누구인지 확인하기 어려워, 정부는 사람들의 신원을 정확히 파악하고 질서를 유지하기 위해 도민증을 발급했다.

도민증에는 이름, 출생지, 가족 관계, 직업 같은 정보가 들어갔다. 하지만 불편한 점도 있었다. 다른 지역으로 이사하면 그 도민증을 반납하고, 새로 이사한 지역에서 다시 발급받아야 했다.

그러다 전 국민이 통일된 신분증을 쓰는 주민등록증 제도로 바뀐 것은 '김신조 사건'이 계기였다. 이 사건은 1968년 1월 21일, 김신조를 비롯한 북한 무장 공작원들이 서울로 몰래 침투해 박정희 당시 대통령을 암살하려다 실패한 사건이다.

사실 박정희 대통령은 그보다 앞서 1965년에 주민등록증을 발급하려 했다. 하지만 당시 국민들은 "정부가 국민을 통제하려는 제도"라며 반대해서 시행되지 못했다. 그러나 김신조 사건을 계기로 정부는 국민의 신원을 정확히 파악해야 한다며 도민증을 폐지하고 주민등록증을 도입했다. 향토예비군 제도와 고등학교의 교련 과목도 이 사건을 계기로 만들어졌다.

주민등록증은 1968년 11월 21일부터 발급되었다. 1호와 2호 주민등록증은 당시 대통령이었던 박정희 대통령과 영부인 육영수 여사가 받았다. 처음 만들어진 주민등록증은 종이로 제작되어 위조나 훼손이 쉽다는 문제가 있었다. 이 문제를 막기 위해 비닐로 코팅했지만 주소가 바뀔 때마다 주민등록증 뒷면에 새 주소를 적으려면 코팅을 벗겨야 했다. 그래서 오히려 주민등록증이 자주 손상되곤 했다. 이 불편함을 해결하기 위해 1999년부터는 플라스틱 카드 형태의 주민등록증이 도입되었다. 카드 안에는 홀로그램이 들어 있어 위조나 변조를 막을 수 있다.

지금의 주민등록번호는 앞자리 여섯 자리가 생년월일을, 뒷자리 일곱 자리가 성별과 등록 지역 등을 뜻한다. 그런데 처음에는 지금과 달랐다. 과거에는 앞자리 숫자가 등록 지역을 나타내는 번호였다. 이 제도는 1970년대에 들어서야 지금처럼 생년월일과 성별이 포함된 형태로 바뀌었다. 다만 주민등록번호로 인해 해당 인물의 생일, 출생지, 성별 등 개인정보가 노출되기 쉽다는 비판 또한 받고 있다.

풍수지리

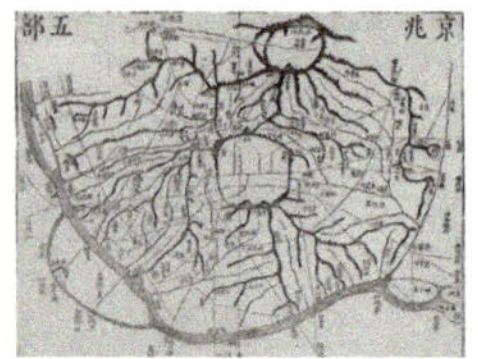

영화 〈파묘〉가 흥행하면서 풍수지리에 대한 관심이 늘어났다. 영화의 내용이 풍수지리와 한국 전통 무속 신앙 등 오컬트(정식 지식 체계에서 다루지 않는 초자연적 현상을 탐구하는 것) 요소를 다루기 때문이다.

풍수지리설은 땅의 형세를 인간의 길흉화복에 관련지어 설명하는 자연관이다. 풍수라는 용어가 처음 등장한 곳은 중국이다. 전국시대(기원전 403~기원전 221)에 관련 이론이 구체화되기 시작했고, 한나라(기원전 202~기원후 220) 때 음양오행 사상(세상이 음과 양이 조합한 5가지 요소로 이루어졌다는 생각)이 널리 퍼져나가면서 풍수지리설도 정착한 것으로 보인다.

한반도에서는 통일 신라 시대(676~935)에 중국 당나라와의 교류를 통해 풍수지리를 받아들였다는 것이 정설이다. 그러나 그전에도 자생적으로 비슷한 사고방식을 지니고 있던 것으로 보

인다. 《삼국유사》나 《삼국사기》등 신라의 삼국 통일 전을 다루
는 역사 관련 서적에도 땅의 형세를 살펴 집이나 왕궁터를 정하
고, 전쟁에서 전략과 전술을 구상할 때 풍수 요소를 활용하는 모
습이 나타나기 때문이다. 대표적으로 백제 건국 설화에서 고구
려를 탈출한 온조와 비류 형제가 도읍지를 택할 때, 온조가 땅의
지리적 특징을 설파하여 도읍지로 적합한 땅을 추천하는 장면
이 등장한다.

풍수지리설은 우리 역사에 다양한 영향을 끼쳤다. 고려 시대에
는 묘청이라는 승려가 풍수지리설에 따라 서경(평양)으로 수도
를 옮기자는 서경 천도 운동을 벌이다가 뜻이 이루어지지 않자
반란을 일으키기도 했다. 이성계가 조선을 건국한 뒤 한양으로
수도를 정한 것 역시 풍수지리 사상에 입각했다. 다만 조선 건국
이후 유교의 영향력이 확장되자 풍수지리는 묫자리를 정하는
음택 풍수 위주로 발전했다. 돌아가신 부모님과 조상님에 대한
효심을 표현하는 방법의 하나가 좋은 묫자리를 찾아드리는 것
이라는 인식이 퍼진 것이다. 조선 후기에는 홍경래의 난이나 동
학농민운동 등의 봉기에도 영향을 미쳤다.

풍수지리설은 근대화가 이루어지면서 점차 미신으로 치부되
기 시작했다. 현대에는 지리학의 관점으로 합리적인 요소를 채
택해 전통적인 풍수 사상을 재해석하려는 움직임도 있지만, 그
과도기였던 일제 강점기에는 여러 오해를 낳기도 했다. 일본은
풍수지리설을 인정하지 않았기에 일제의 도시 계획 등에는 풍

수적 요소가 고려되어 있지 않지만, 풍수지리설이 널리 퍼져 있었던 조선인들의 눈에는 일본의 정책이 풍수지리설에 따라 한반도에 피해를 주려는 것으로 보였다. 대표적으로 측량이나 토지 조사 등을 위해 일본인들이 산 등에 쇠말뚝을 박았는데, 이를 본 당시 농민들은 일본인들이 한반도에서 큰 인물이 나오지 못하도록 쇠말뚝을 박아 민족정기를 끊으려고 한 것으로 인식하곤 했다. 이 주장은 꽤 널리 퍼져 있어서 지금도 사실로 믿는 사람이 많다.

앞서 언급한 영화 〈파묘〉에도 관련 내용이 나오며, 심지어 김영삼 정부 시기에는 정부 시책의 근거가 되기도 했다. 역사 바로 세우기 사업으로 일제의 잔재를 없애려는 시도가 많이 이루어졌는데, 국민학교 명칭을 초등학교로 바꾼 것과 조선총독부 건물 해체가 대표적이다. 이때 정부는 일제가 박은 쇠말뚝을 민족정기를 끊기 위한 것으로 간주하고 적극적으로 해체에 나섰다.

맛

다채롭게

돈가스
햄버거
핫도그
피자
케이크
프라이드치킨 비빔밥

라면
김밥
두부
만두
고추장

초콜릿
탕후루
빙수
호두과자
껌
통조림
티백

돈가스

저민 돼지고기에 튀김옷을 입혀 바싹하게 튀긴 돈가스는 어린이와 어른 모두 좋아하는 요리다. 몇 년 전 TV 방송에 나온 이후 지나치게 손님이 몰려 서울에서 제주도로 매장을 옮긴 돈가스 식당이 있었다. 사람들이 그곳의 돈가스를 먹으려고 텐트 치고 밤을 새워 줄까지 서자 '대체 무슨 돈가스이기에'라는 소리가 나오기도 했다. 이런 돈가스는 언제, 어떻게 만들어졌을까?

일본 요리인 돈가스는 돼지 '돈(豚)'과 '커틀릿(cutlet)'을 일본식으로 읽은 '가쓰레쓰'의 합성어다. 일본에서는 675년 불교 신자인 덴무 천황이 소와 말 등 동물을 먹지 못하게 하는 육식 금지령을 내린 후 1,200년간 육식 문화가 발달하지 않았다. 임진왜란을 전후한 시기에 일본에 기독교가 전파되었는데, 서양인들을 배척하는 논리 중 하나로 쓸모있는 동물들을 잡아먹는다는 소문이 퍼질 정도였다. 그러다 1858년 미·일 수호 통상 조약이 체

결되고 메이지유신으로 서구화와 근대화가 추진되면서 달라졌
다. 서양 문물을 받아들이고, 체격의 열세를 극복하기 위해서는
서양 사람들처럼 육식을 해야 한다고 본 것이다. 그때부터 서양
육식 요리를 일본인 입맛에 맞게 바꾼 음식들이 도입되기 시작
했다. 카레와 오므라이스, 돈가스 같은 요리가 그 대표적인 예다.
　당시 돈가스와 비슷한 유럽 요리로 영국 커틀릿과 오스트리아
슈니첼이 있었다. 둘 다 얇은 고기에 빵가루를 입혀 기름에 부침
개처럼 구워낸 것으로, 메이지 시대 일본은 같은 섬나라로 강대
국이었던 영국을 모방하려 했기 때문에 돈가스 원형이 영국 커
틀릿이라는 설이 우세하다. 1872년 서양 문물을 소개하는 책자들
을 펴낸 작가이자 언론인 가나가키 로분이 돼지고기로 커틀릿
을 만드는 방식을 소개하면서 커틀릿이 일본에서 인기를 얻었
다. 이후 도쿄의 렌가테이라는 식당이 요리를 더 쉽고 빠르게 만
들기 위해 일본식 튀김 기법을 응용해 돼지고기에 밀가루와 계
란, 빵가루를 입혀 기름에 튀겨내는 방식을 개발했다. 이후 1890
년대 중·후반부터 포크커틀릿이라는 이름으로 팔기 시작했는
데, 이것이 돈가스의 원조로 알려져 있다. 1929년에는 전직 궁내
청(일본 천황가 관리 부서) 요리사 시마다 신지로가 우에노에 있
는 자기 식당에서 돈가스를 팔기 시작하면서 젓가락으로 하나
씩 집어 먹을 수 있도록 미리 썰어 내놓고, 이 방식이 점점 퍼져
나가 일본 돈가스의 특징이 되었다.
　우리나라에는 일제 강점기인 1930~1940년대에 돈가스가 전래

했지만, 만주사변과 중일전쟁 등으로 인해 물자 대부분이 전쟁 물자로 수탈되던 이 시기에 돈가스를 먹어볼 수 있는 부류는 소수의 상류층뿐으로, 돈가스가 대중화되지는 못했다. 대중화된 것은 경제성장이 시작된 1960년대부터다. 지금은 한국식 돈가스가 급식이나 학식, 분식집이나 기사식당 등에서 파는 저렴하게 한 끼를 든든하게 때울 수 있는 음식으로 취급받고 있지만, 당시 돈가스는 분위기 있는 경양식집에서 먹는 음식이었다. 미리 썰려 있고 두툼한 일본 돈가스와 달리 한국식 돈가스는 얇고 큰 돈가스를 썰지 않고 그대로 내어놓는 방식으로, 유럽의 커틀릿이나 슈니첼과 더 비슷한 셈이다. 곁들여 먹는 음식도 일본식 돈가스는 얇게 썰어낸 양배추에 소스를 부어 먹지만 한국식 돈가스는 김치나 수프 등이 나온다는 차이가 있다.

햄버거

치킨버거에는 치킨이 들어가고, 새우버거에는 새우가 들어가기 때문에 종종 햄버거에 햄이 들어간다고 생각하곤 한다. 하지만 사실 햄버거는 햄과 관련 없는 음식이다. 햄버거라는 이름은 처음 함부르크 스테이크(햄버그스테이크)를 빵 사이에 넣어 먹기 시작하며 붙었다. 그래서 햄버거의 역사를 논할 때 빠지지 않고 등장하는 것이 함부르크식 스테이크의 기원이다.

함부르크 스테이크는 함부르크를 포함한 독일 북부 지역에서 과거부터 소고기를 다지거나 갈아 뭉쳐 만들어 먹은 음식이다. 어떻게 독일에서 처음 다지거나 간 고기를 먹기 시작했는지에 대해서는 설이 많다. 그중에서도 몽골과 관련되었다는 이야기가 널리 퍼져 있다. 몽골인이 13세기 유럽 지역을 공격할 때 식량으로 가져간 고기를 말 안장 밑에 깔고 이동했는데, 말의 움직임으로 인해 고기가 다져졌다는 것이다. 몽골인이 그 고기를 먹는 것을 본 유럽인이 고기를 다져 요리를 만들기 시작했고, 그중에서도 이 음식이 발달한 독일 함부르크의 지명을 따 함부르크식 스테이크라고 부르기 시작했다고 한다. 다만 신빙성 있는 이야기는 아니므로 이를 사실 자체보다는 가능성 중 하나이자 재미있는 일화로 받아들이는 편이 좋다.

함부르크 스테이크는 19세기 독일인 이민자에 의해 미국에도 전파되는데, 함부르크를 미국식으로 발음하면 햄버그가 된다. 여러 곳에서 동시다발적으로 빵 사이에 함부르크식 스테이크를 끼워 먹기 시작했고, 19세기 후반부터 20세기 초반 사이 미국 여러 지역에서 오늘날 햄버거의 유래가 되는 음식이 등장했다.

햄버거의 원조에 대한 설도 다양해 무엇이 정확한 원조인지는 알 수 없다. 여러 설 가운데 가장 유명한 내용은 이렇다. 1885년 미국 위스콘신주 시모어에서 박람회가 열렸는데, 찰스 나그린이 박람회 참가자들이 먹을 수 있도록 미트볼을 납작하게 눌러 빵에 끼워 판 것이 원조라는 이야기가 있다. 또한 1904년 세인트루이스 박람회에서 텍사스주 애선 출신인 플레치 데이비스가 빵 사이에 햄버그스테이크와 양파를 넣어 판 음식이 햄버거의 시초라는 주장도 있다. 이 외에도 오하이오, 코네티컷 등에서 자기 지역이 햄버거의 원조라고 주장한다.

우리나라에서는 한국 전쟁에 참전한 미군에 의해 햄버거라는 음식이 처음 알려졌다. 이후 주한 미군 부대 근처를 중심으로 햄버거 매장이 속속 생겨났는데, 당시에는 소고기가 귀해 돼지고기로 패티를 만드는 것이 일반적이었다. 패티와 함께 계란 프라이를 넣기도 했다. 이후 1979년 롯데리아가 서울시 중구 소공동에 1호점을 열면서 햄버거 프랜차이즈화가 시작되었고, 1980년대에는 버거킹과 맥도날드 등의 패스트푸드 프랜차이즈도 생기며 햄버거 대중화 시대가 열렸다.

　햄버거를 먹을 때는 보통 세트 메뉴로 주문해 먹는 것이 일반적인데, 이때 세트 메뉴로 가장 많이 찾는 음식이 감자튀김이다. 햄버거와 감자튀김을 같이 먹은 것은 제2차 세계 대전과 관련 있다. 전시 총력전 체제에서 민간에 유통될 수 있는 고기의 양이 줄어들자 햄버거 판매점들이 감자튀김을 곁들여 팔기 시작했다. 햄버거와 감자튀김이 생각 이상으로 맛의 궁합이 좋아 전쟁이 끝난 뒤에도 햄버거 판매점에서 감자튀김을 함께 팔았고, 특히 간편하게 먹을 수 있어 인기 있는 메뉴로 자리 잡았다.

핫도그

2025년 여름, 경남 남해의 독일마을호텔에서는 숙박객 천 명에게 '광부 핫도그'를 제공하는 이벤트를 열었다. 광부 핫도그는 보통 핫도그와 달리 오징어먹물을 넣어 만들기 때문에 빵이 까만 것이 특징이다. 이 까만 빵은 어두운 탄광을 연상시킨다. 박정희 대통령 시절에 독일로 파견되었던 파독 광부들의 삶을 기념하기 위해 만들었다고 한다. 우리나라에서는 막대에 꽂은 소시지에 밀가루 반죽을 입혀 튀긴 음식을 핫도그라고 부르지만, 원래 핫도그는 길쭉한 빵 속에 소시지를 끼워 넣고 양념을 뿌려 먹는 음식이다.

핫도그의 핵심 재료인 소시지를 언제부터 만들어 먹었는지는 명확하게 알려진 것이 없지만, 고대 이집트에서도 먹었으며, 이후 이 음식은 지중해와 유럽 전역으로 퍼졌다. 특히 소시지는 독일 지역에서 발전했는데, 축구 선수 차범근과 차두리 부자가 활동한 프랑크푸르트에서는 도시 이름을 딴 프랑크 소시지가 유명했다. 프랑크 소시지는 모양이 길쭉해서, 짧은 다리에 길쭉한 몸을 가진 견종 닥스훈트와 닮았다고 '닥스훈트 소시지'라고도 불린다.

핫도그는 미국으로 이민 간 독일인들이 만든 것으로 추정된다. 핫도그 기원에 대한 설명은 여러 가지가 존재하지만, 여기에는 공통점이 있다. 박람회나 스포츠 경기 등 많은 사람이 모이는 장소에서 독일계 이민자들이 핫도그를 팔았다는 것이다. 원래는 소시지를 판 것인데, 손으로 소시지를 잡고 먹기 힘들어 손잡이처럼 사용할 수 있도록 빵을 감싸서 준 것이다. 이것이 핫도그의 시작이라고 한다. 이런 핫도그는 1904년 세인트루이스 엑스포, 1893년 시카고 엑스포 등 19세기 말에서 20세기 초반 사이에 등장한 것으로 여겨진다.

그렇다면 왜 빵에 소시지를 끼워 먹는 음식을 핫도그라고 부르게 되었을까? 이에 대해서도 여러 가지 설이 있지만, 가장 유명한 이야기는 핫도그의 주재료인 프랑크푸르트 소시지가 닥스훈트 소시지라는 별명을 가지고 있었기 때문이다. 미국 뉴욕의 한 경기장에서는 노점상들이 소시지를 판매하면서 '뜨거운 닥스훈트 소시지'라는 간판을 걸었는데, 이를 본 만화가 테드 도건이 빵 속에 길쭉한 닥스훈트가 쏙 들어간 재치 있는 그림을 그렸다. 그러면서 닥스훈트의 정확한 철자를 몰랐던 만화가는 그 그림에 '뜨거운 닥스훈트'를 '뜨거운 개(hot dog, 핫도그)'라고 썼으며,

이후 핫도그라는 말이 널리 퍼졌다고 한다.

참고로 우리가 흔히 먹는 막대에 꽂힌 핫도그는 미국에서 콘도그(corn dog)라고 부른다. 콘(corn)은 영어로 옥수수를 뜻한다. 옥수숫가루로 만든 반죽을 핫도그의 소시지에 묻혀 튀겼다고 해서 이런 이름이 붙었다고 알려져 있다.

피자

최근 소셜미디어에서 '다이어트 피자'가 화제가 되고 있다. 밀가루 대신 양배추로 도우를 만들고 각종 채소와 닭가슴살 등을 이용해 만드는 피자로, 체중 감량 중에도 피자를 포기할 수 없는 많은 이들이 조리법을 공유하고 있다. 피자 맛 과자, 피자 맛 호빵이 있을 정도로 피자는 우리에게 익숙한 음식이다. 피자가 언제부터 어떻게 만들었는지 알면 더 맛있지 않을까?

피자의 어원으로 추정되는 단어는 다양하다. 동그랗고 납작한 빵을 의미하는 그리스어 피타(pitta)에서 유래되었다는 설, 고대 로마어에서 파이라는 뜻의 피체아(picea)에서 나왔다는 주장, 고대 라틴어에서 납작하게 만들었다는 뜻을 지닌 핀사(pinsa)가 어원이라는 주장 등이 있다. 확실한 것은 피자가 그리스와 로마 등 지중해 세계에서 매우 오래전부터 먹은 음식이라는 것이다. 학자들은 고대 지중해 세계의 군대에서 빵을 구운 뒤 접시처럼 만들어 그 위에 마늘이나 양파, 치즈를 비롯한 토핑을 얹어 먹었던 것으로 추정한다. 이 음식은 훗날 그리스인들에 의해 빵 반죽에 토핑을 올려 함께 구워 먹는 플라쿤토스로 발전했는데, 이 음식이 이탈리아 지방으로 전해지면서 피자가 되었다는 설이 가장 유력하다. 특히 서기 79년 화산 폭발로 인해 멸망한 폼페이 유적에서도 당시 피자를 만든 것으로 보이는 상점들이 남아 있다고 한다.

현재 우리가 먹는 피자 형태는 18세기에 만들어진다. 이탈리아 나폴리 지역에서 재배한 당도 높은 토마토를 피자에 올렸고, 안초비 소스나 올리브 오일을 뿌리기도 했다. 흔히 나폴리는 피자의 고장으로 알려져 있는데, 이는 나폴리 왕국의 왕비 마리아 카롤리나가 특히 피자를 좋아했기 때문이라고 한다. 당시 피자는 서민의 음식으로 여겨졌는데 왕비가 그런 피자를 좋아하는 것이 못마땅했던 왕이 왕실에 어울릴 만한 피자 레시피를 개발했다. 그러자 귀족들도 덩달아 피자를 만들어 먹으면서 나폴리 지역에서 피자가 발전했다고 전한다. 이후 19세기에는 나폴리를 방문한 이탈리아 왕국의 국왕 움베르토 1세의 왕비 마르게리타를 위해 토마토, 모짜렐라 치즈, 바질을 이용해 녹-백-적의 이탈리아 국기를 상징하는 피자인 마르게리타 피자가 만들어졌다는 이야기도 전해진다.

이탈리아 피자는 대서양을 건너 변주를 거친다. 19세기 후반 돈을 벌기 위해 미국으로 이민 간 이탈리아인들이 늘어났는데,

이들이 미국에서 피자를 만들어 팔면서 미국에도 피자가 흔해졌다. 피자는 금세 미국인들의 입맛을 사로잡았고, 점점 미국인 입맛에 맞는 토핑이 올라가기 시작한다. 그러면서 피자 소스, 재료 등에 많은 변화가 생겼다. 이후 미국의 피자 업체들이 세계에 다양한 피자를 전파하자 이탈리아인들은 피자의 원형이 훼손되는 것을 막기 위해 1984년 나폴리피자협회를 설립했다. 온갖 변종으로부터 정통 피자를 보호하려고 한 것이다. 정통 나폴리 피자로 인증받으려면 화덕의 종류와 도우 형태 등 까다로운 규정을 준수해야 한다.

케이크

생일이나 연말연시, 크리스마스 등 각종 기념일에 케이크를 먹곤 한다. 폭신한 빵 위로 달콤한 크림이 얹혀 있어 인기가 좋은 케이크에는 어떤 역사가 숨어 있을까?

인류가 빵을 만들어 먹기 시작한 것은 신석기 때였다. 하지만 이때는 말 그대로 밀가루에 물을 섞어 반죽한 뒤 구운 단순한 방식이었다. 여기에 버터, 꿀, 계란, 우유, 견과류, 말린 과일 등을 첨가하면서 점점 맛이 좋아졌고, 제빵 기술이 발전하면서 더 화려한 케이크를 만들 수 있었다.

케이크를 만드는 기초적인 기술과 문화를 확립한 곳은 고대 지중해 세계다. 이집트인은 기원전 2천 년쯤 빵 반죽에 효모(술이나 빵을 만들 때 발효와 부풀리기에 이용하는 균)를 넣어 부드러운 식감을 갖도록 했고, 이것이 그리스와 로마로 전파되었다. 이후 유럽인들은 반죽에 맥주를 넣어 반죽을 발효시키거나 꿀을 넣어 달콤한 맛을 내기도 했고 견과류나 향료를 쓰기도 했다. 당시 케이크는 철판 2장 사이에 반죽을 넣고 고정해 구워내는 방식으로 만들었다. 오늘날 와플 매장에서 즉석 와플을 만드는 방법과 비슷하다고 할 수 있다. 당시 그리스의 케이크는 100여 종류가 생길 정도로 발전했으며, 로마에서는 오늘날처럼 생일이나 결혼식에 케이크를 먹었지만 이는 소수 권력층 사이에만 있었던 관습이었다. 고대 케이크는 지금으로 치면 생김새가 빵에 더 가까웠고, 이후 중세와 르네상스를 거치면서 점점 지금 형태에 가까워졌다.

케이크의 어원은 초기 스칸디나비아에서 유래한 것으로 추정된다. 9세기 무렵 스칸디나비아반도에 살던 노르만인들이 서유럽 세계로 이동하기 시작하는데, 흔히 해적을 뜻하는 바이킹이라는 이름으로 알려진 이들이다. 이들이 쓰던 단어 kaka에서 현재 우리가 쓰는 케이크(cake)가 유래했다.

신항로 개척은 케이크가 발달하는 계기가 되었다. 설탕 등 다양한 케이크 재료를 가져올 길이 열렸기 때문이다. 재료 공급이 원활해지면서 여러 달콤한 재료로 케이크를 장식할 수 있게 되었고, 제빵 기술이 발전해 케이크 반죽의 식감을 높일 수 있었다. 오늘날 케이크 하면 대부분 스펀지케이크를 떠올리는데, 이 스펀지케이크도 당시 신항로 개척을 주도하던 스페인에서 유래했다. 이후 케이크는 궁정 요리사들을 중심으로 고급 디저트로 발전했다.

고급 디저트였던 케이크가 대중화될 수 있었던 것은 누구나 케이크 반죽을 쉽게 할 수 있는 케이크 믹스가 등장한 덕분이다. 케이크 믹스란 밀가루, 베이킹파우더, 설탕 등 케이크를 만드는 데 필요한 모든 재료를 미리 섞어둔 것을 말한다. 물이나 우유만 부으면 바로 케이크를 완성할 수 있다. 케이크 믹스는 1929년 캔에 담은 형태로 처음 등장했는데, 이 당시 케이크 믹스는 세계 경제 대공황 때문에 등장했다. 경제 침체가 너무 심해지자 사람들에게 쉽게 만들어 먹을 수 있는 음식들을 제공해야 했다. 이때 공급이 과잉된 당밀 등을 이용해 케이크 믹스를 만들기 시작했다. 이 믹스에는 말린 계란 분말이 들어 있어 계란도 넣을 필요가 없었다. 하지만 식감이 떨어지는 등 인기가 없어지자 1933년 건조한 계란을 뺀 케이크 믹스를 출시해 특허 등록했다.

프라이드치킨

닭에 밀가루 따위를 입히고 소금과 후추 등으로 간을 해서 튀겨 만든 요리인 프라이드치킨은 언제부터 먹기 시작했을까?

중세 시대에도 가마솥에 닭이 잠길 정도로 기름을 부어 튀겨 내는 음식에 대한 기록은 존재했지만 이 요리는 지금의 치킨과 어느 정도 거리가 있다. 치킨은 일반적으로 남북 전쟁(1861~1865) 이전 미국 남부 목화농장의 흑인 노예들이 먹던 음식에서 기원했다고 본다. 당시 유럽 대륙에서 이주해 온 백인들은 닭을 요리할 때 오븐에 구워 먹는 방식인 로스트 치킨으로 만들어 먹었다. 이때 썰어 먹기 편한 몸통 부위만 사용했고 목이나 날개, 다리 등의 부위는 제거했는데, 이 제거된 목과 날개, 다리 부위가 흑인 노예에게 제공되었다. 그런데 노동량이 많은 노예의 식단인 만큼 칼로리 보충을 위해 닭을 튀겨 주었다. 이렇게 닭을 튀겨내면서 점차 향신료나 양념 등이 첨가되기 시작했고, 여기에서 우리가 흔히 먹는 프라이드치킨이 유래했다는 것이다. 당시 노예들에게는 닭뿐 아니라 채소와 과일 등도 튀겨 제공되었는데, 모두 백인이 요리를 만들고 남은 재료로 만든 음식이었다.

남북 전쟁이 끝나고 미국에서 노예제가 폐지된 이후 흑인과 백인 사이에 식문화 교류가 이루어지기 시작했다. 백인 사회에도 흑인들이 먹던 프라이드치킨이 점점 퍼졌는데, 기업인 할랜드 샌더스가 미국 남부 켄터키주에서 프라이드치킨을 전문적으로 팔기 시작한다. 켄터키주는 양돈업이 발달해 돼지기름을 이용해서 치킨을 튀겨내던 지역이었다. 샌더스는 압력솥에 기름을 넣고 치킨을 튀기는 자신만의 요리 방법으로 인기를 얻었고, 그의 식당은 프랜차이즈화되며 미국 전역에 빠르게 퍼졌다. 압력솥에 튀겨낸 치킨은 짧은 시간에 조리해 촉촉한 살코기의 식감을 즐길 수 있었다. 샌더스는 프랜차이즈 계약을 맺을 때 반드시 흰색 정장을 입고 다녔는데, 이 흰색 정장을 입은 그의 모습이 샌더스의 식당을 대표하는 상징처럼 자리 잡기 시작했다. 이 프랜차이즈가 바로 KFC(켄터키 프라이드치킨)다.

미국에서 발전한 프라이드치킨은 한국 전쟁 이후 미군에 의해 한반도에도 들어온다. 조선 시대에도 '포계'라고 해서 닭을 조각내어 밀가루 양념을 입힌 후 기름에 볶아내는 요리가 존재했지만, 포계는 엄밀히 말하면 프라이드치킨보다 '구운 치킨'이라고 부르는 요리에 더 가깝다. 한국 전쟁 이후 치킨은 한국 내에서 독자적으로 발전하는데, 1960년대에는 명동영양센터에서 통닭을 전기를 이용해 구워낸 '전기구이 통닭'을 판매했다. 식용유 생산이 부족했던 시기여서 닭을 튀겨내지 않고 통으로 구운 것이다. 이후 경제개발을 통해 1971년 해표식용유가 출시되었고, 닭을 바싹하게 튀겨내는 방식의 문화가 자리 잡기 시작했다. 처음에는 '통닭'이라고 해서 닭 한 마리를 통째로 밀가루에 묻혀 튀겨내는 방식이었지만, 1980년대에는 우리 입맛에 맞도록 매콤한 양념을 버무린 '양념치킨'이 등장하는 등 토착화되면서 우리나라 사람들이 사랑하는 요리로 발전했다.

비빔밥

조선족이 많이 사는 중국 북동부 지린성이 돌솥비빔밥을 무형 문화유산으로 지정한 사실이 최근 뒤늦게 알려졌다. 한복을 입은 여성이 비빔밥이 담긴 돌솥을 들고 있는 사진으로 광고판을 만들기도 했고, 비빔밥 전문 프랜차이즈점까지 등장했다. 일각에서는 "중국이 김치와 한복에 이어 비빔밥으로 문화 공정에 나선 게 아니냐"는 우려도 나왔다. 이에 국가유산청에서도 대응을 예고하며 추가 연구 용역을 진행하고 유네스코 인류무형유산 우선 등재를 위해 선제적으로 조치하겠다고 밝혔다. 그렇다면 각종 채소와 고기를 밥 위에 올려 양념에 비벼 먹는 음식인 비빔밥은 어떻게, 어디서 탄생했을까?

비빔밥이 문헌에 등장한 것은 19세기 후반의 한글 요리책 《시의전서》에서부터다. 하지만 기록되지 않았을 뿐 그전부터 비빔밥이 있었던 것으로 추정된다. 이는 전근대 한반도에서 나타났던 여러 풍속으로 추측해볼 수 있는데, 우선 제사를 지내는 풍습에서 비빔밥이 유래한 것으로 보는 의견이 있다. 한반도에서는 삼국 시대부터 국가 통치이념으로 유교를 받아들였으며, 조선 시대에 이르러서는 유교가 윤리, 풍습 등 많은 부분을 장악했다. 유교의 핵심 의례 중 하나인 제사를 지내려면 많은 음식을 만들고, 제사가 끝난 후 이를 먹으면서 복을 받는 음복을 하는데, 많은 제사 음식을 먹는 과정에서 비빔밥 문화가 발달했을 것으로 본다.

19세기 중반 홍석모가 지은 조선 세시풍속서 《동국세시기》에 따르면 조선에서는 새해를 앞두고 만든 음식은 되도록 그해 안에 먹으려 했다. 작년에 만든 음식을 새해에 먹지 않는 풍습 때문이다. 이때 음식을 한 번에 다 먹으려고 비빔밥을 해 먹었다는 의견이 있다. 논밭에서 먹기 편한 음식으로 비빔밥이 등장했을 것이라는 주장도 있다. 농경 사회에서는 모내기나 추수할 때 마을 사람들이 서로 품앗이하며 일을 도와주는데, 각자 집에서 가져온 밥과 반찬을 한데 비벼 나눠 먹었다는 것이다.

《시의전서》를 보면 '골동반'이라는 표현이 등장한다. 당시 궁궐에 왕실의 종친들이 들어오면 점심 식사로 비빔밥을 내어주었다고 하는데, 이때 먹은 비빔밥을 한자로 골동반이라고 쓰고 순우리말로는 부빔밥이라고 불렀다. 이 책에 기록된 비빔밥 요리법에 따르면 비빔밥은 밥을 짓고, 고기와 나물 등을 재워서 볶고, 다시마튀각을 부숴 넣은 후 깨소금과 기름으로 비벼 먹는 방식으로 만들었다. 골동반은 중국에도 있었는데 우리나라 비빔밥과는 조금 다르다. 고문헌들에는 중국의 골동반은 쌀에 고기와 생선 등을 넣고 쪄서 먹는 요리라고 기록되어 있다. 즉 중국 골동반과 한국 비빔밥은 한자 표기만 같을 뿐 전혀 다른 요리였다. 비빔밥을 중국의 문화유산으로 보기 어려운 이유다.

라면

세계인스턴트라면협회(WINA)에 따르면 2020년 한 해 전 세계인이 먹은 라면은 1,166억 개이고, 그중 41억3천만 개를 한국인이 먹었다. 한국의 1인당 연간 라면 소비량은 79.7개로, 전 세계 1위다. 일주일에 한 개 이상씩 라면을 먹은 셈이다. 한국 라면은 다른 나라에서도 인기다. 러시아에서는 컵라면 브랜드 '도시락'이 컵라면을 뜻하는 일반 명사로 쓰일 정도다.

라면은 중국 음식 라멘에서 유래했다. 라멘은 밀가루 반죽을 손으로 늘이며 만든 면으로, 수타면이라고도 한다. 이 라멘이 메이지유신 직후인 1870년대 일본으로 건너가 일본식 발음으로 라멘이 되었다. 당시 일본에서는 닭과 돼지 뼈 등을 우려낸 국물에 면을 말아 먹었다. 중국 라멘과 달리 일본 라멘은 꼭 수타면일 필요는 없었지만, 일본에서는 라멘이 일본 요리가 아닌 중국 요리로 인식되고 있다. 한국 사람들이 자장면을 중국 요리로 인식하고 있지만 다른 나라에서는 한국 요리로 인식하는 것처럼.

현대적 인스턴트 라면은 일본에서 시작되었다. 닛신식품의 설립자 안도 모모후쿠가 1958년 면을 기름에 튀겨 보존 기간을 늘린 '치킨라멘'을 개발한 것이 세계 최초다. 당시 일본은 제2차 세계 대전 패배의 후유증으로 식량난을 겪고 있었는데, 인스턴트 라면 개발로 사람들이 간단하게 한 끼를 해결하게 되었다. 안도가 면을 튀기는 아이디어를 얻은 과정에는 두 가지 설이 있다. 중일전쟁 때 중국군이 전투 식량으로 건면을 튀겨 휴대하고 다니던 것에서 착안했다는 설과, 술집에서 어묵에 밀가루를 묻혀 튀김을 만드는 것을 보고 아이디어를 얻었다는 설이다. 이 라면은 우리에게 익숙한 방식인 스프가 별도의 봉지에 담겨 있는 방식이 아니라 면을 국물에 절인 후 나중에 물을 부어 끓이면 면에 배어든 국물 성분이 스며 나오는 방법이었다. 이 치킨라멘은 지금도 일본에서 팔리는데, 국물에 면을 절이는 방법을 그대로 사용하고 있다.

우리나라에 인스턴트 라면이 들어온 것은 1960년대다. 삼양식품이 일본 라면을 수입해 판매했으나 우리 입맛에 맞지 않아 실패했다. 국산 라면을 만들기 위해 닛신식품에 기술 전수를 요청했지만 거절당했는데, 이때 닛신식품의 라이벌이던 묘조식품이 무상으로 기술을 전수해주었다. 묘조식품은 한국 전쟁 직후 식량난을 겪던 한국 사정을 듣고 기술 지원을 결심했다고 한다. 그래서 우리나라의 인스턴트 라면들은 치킨라멘처럼 면에 국물을 스며들게 하는 방식이 아니라 당시 묘조식품이 쓰던 방식인 스프를 물에 넣고 끓여 국물을 만드는 방식을 차용하고 있다.

이후 삼양식품은 1963년 우리나라 최초 인스턴트 라면인 '치킨라면'을 개발했지만, 이 라면은 일본 라면 제조법을 그대로 사용해 우리나라 사람들의 입맛에 맞지 않고 가격도 비싼 편이라 곧장 대중화되지는 않았다. 라면 소비량이 늘어난 것은 정부의 혼분식 장려 정책이 한몫했다. 전쟁 이후 인구가 크게 늘었는데 쌀이 부족해지자 정부는 잡곡밥과 밀가루 섭취를 장려했다. 당시 박정희 대통령은 직접 삼양식품에 전화해 "한국인 입맛에 맞는 매운맛 라면을 개발하는 게 어떻겠느냐"고 말하기도 했다고 한다. 정부의 이런 정책을 배경으로 여러 회사가 라면 사업에 뛰어들면서 우리나라의 라면 시장이 활성화되었고 오늘날 세계적인 라면 강국이 되었다.

김밥

최근 미국에서 김밥이 인기다. 한 대형 마트에서 김밥을 팔기 시작한 이후 유명 소셜미디어(SNS) 영상 제작자가 김밥 먹는 모습을 인터넷에 찍어 올리면서 조회 수가 급증하는 등 화제가 되었다. 우리나라 공장에서 생산해 급속 냉동한 뒤 미국으로 수출한 김밥이 열흘 만에 100만 줄이나 팔리기도 했다. 이처럼 외국인들이 찾고, 우리에게는 소풍 날 도시락으로 빼놓을 수 없는 김밥은 언제 먹기 시작했을까?

김은 우리나라에서 오래전부터 먹어 온 식재료다. 삼국 시대에 김을 먹었다는 기록이 남아 있고, 《세종실록지리지》나 《동국여지승람》 등 조선 초기 문헌에도 김과 관련된 기록이 있다. 특히 《동국세시기》나 《세시풍요》 같은 책에는 밥을 김에 싸 먹는 문화가 기록되어 있는데, 이 음식은 복쌈이라고 불렀다. 정월 대보름에 복을 부르기 위해 김이나 채소로 밥을 싸 먹는 풍습으로,

김에 기름을 바르고 소금과 설탕을 뿌려 석쇠에 구운 뒤 밥을 싸 먹었다. 당시 김이나 기름, 설탕 등은 서민이 구하기 어려운 재료였기 때문에 지금처럼 간단한 한 끼보다는 명절에나 먹을 수 있는 고급 음식에 가까웠다.

김과 밥을 함께 싸 먹는 문화는 우리나라에서 비롯되었으나 현재 우리에게 익숙한 형태의 김밥은 일본에서 영향을 받았다. 일본에서 18세기 전후로 등장한 김초밥(노리마키)이 일제 강점기에 우리나라에 들어왔고, 이것이 점차 우리나라 사람들의 입맛에 맞게 변형되면서 토착화했다. 신문에 "일본 김밥 같은 것을 만들려면 굵은 쌀로 밥을 짓는 것이 좋다"는 정보가 소개되기도 했다. 1930년 신문 기사에는 "한국식 김은 얇아 일본식 김초밥을 만들려면 일본 김을 사용하거나 한국식 김을 두 장 겹쳐서 사용하라"는 내용이 실리기도 했다. 이를 통해 당시에는 종전 우리나라에 있던 복쌈 같은 김쌈밥에서 비롯한 전통 방식과 김초밥에서 비롯한 일본 방식이 공존했음을 알 수 있다.

시간이 지나자 일본식 김초밥은 우리나라 입맛에 맞게 바뀌었다. 1939년 일간지에는 홍선표라는 인물이 도시락 반찬에 관해 쓴 기사가 실렸는데, 조선 김을 쓰고 속재료로는 장조림이나 김치 등 우리나라 반찬을 넣어 만든 김밥을 소개했다. 이를 통해 일본식 김초밥이 일제 강점기에 우리나라 실정에 맞게 바뀐 것을 확인할 수 있다.

기술의 발달은 우리나라와 일본의 김밥이 달라지게 했다. 1980

년대까지만 해도 우리나라 학생들의 소풍용 김밥에 일본식 김 초밥처럼 식초를 넣은 밥을 썼다. 김밥이 상하지 않게 하려는 의 도였다. 하지만 냉장고가 널리 보급되어 재료 신선도를 유지할 수 있자 아침에 싸 놓은 김밥이라면 점심까지는 크게 상하지 않 았다. 그러면서 식초가 빠지고, 참기름을 바른 김에 다양한 속 재 료를 넣은 한국식 김밥이 완성되었다. 일본에서도 한국식 김밥 은 기무바푸, 일본식 김초밥은 노리마키로 불러 두 요리를 완전 히 별개 음식으로 구별한다.

두부

최근 채식주의자(비건)가 늘고 비건 식단이 확산하며 미국의 가정 식단에서도 두부를 흔히 볼 수 있다. 샐러드나 파스타, 꼬치구이 등에서 두부를 사용하는데, 채식주의자들이 놓치기 쉬운 영양분인 단백질을 채워주기 좋은 식품이어서 미국의 두부 시장이 점점 성장하고 있으며, 미국 두부 시장의 70퍼센트를 한국 두부가 차지하고 있다.

두부는 콩을 물에 불린 후 갈아서 굳힌 식품으로 과거부터 동아시아 삼국에서 고루 섭취했다. 두부라는 음식이 처음 만들어진 곳은 중국이다. 하지만 언제 만들어졌는지는 확실하지 않은데, 당나라 말기에서 북송 초기인 10세기 전후로 추정된다. 중국 송나라의 유학자 주희가 12세기 남긴 한 시에 "한나라의 제후왕(황제에게 특정 지역의 통치권을 받은 왕)인 회남왕 유안(기원전 179~기원전 122)이 발명했다"라는 기록이 있지만, 이 외에 신뢰할 만한 다른 기록은 없어 역사적 사실인지는 확실하지 않다.

고려의 문신 최승로가 제6대 왕 성종에게 올린 상소문 시무 28조 중 제4조에는 두부와 관련한 내용이 나오는데, "술과 두부로 행인에게 시주(물건을 베푸는 일)하는 작은 일은 두루 베풀어지지 않으며 임금의 체통이 아니기에 상선벌악(착한 사람에게 상 주고 악한 사람에게 벌 주는 일)에 힘쓰라"라는 내용이다. 작은 선행보다 왕이 할 일에 집중하라는 뜻으로, 두부를 언급한 것을 보면 고려 시대에 두부가 한반도에 이미 전파되었음을 짐작할 수 있다. 이후 한반도의 두부는 계속해서 발전했다. 고려 후기 성리학자인 이색의 시가와 산문을 엮은 《목은집》에는 나물죽을 계속 먹으니 입맛이 없는데 두부가 입맛을 돋워주었다는 내용이 있다. 두부 제조 기술은 주로 사찰에서 발전했는데, 육식을 금하는 불교 교리상 스님들이 단백질을 섭취할 수 있는 가장 간편한 방법이 콩이었기에 두부 제조 기법이 절을 통해 발전했다.

조선의 두부 만드는 기술은 중국에서도 인정할 정도로 뛰어났다. 《세종실록》에 따르면 명나라 사신으로 파견된 백언이 조선식 두부를 황제인 선덕제(재위 1425~1435)에게 바쳤더니 황제가 매우 마음에 들어 해서 백언에게 상을 내렸다는 기록이 있다. 이로부터 6년 뒤에는 선덕제로부터 이번에 보낸 요리사들보다 예전에 보낸 요리사들의 두부 맛이 더 좋았으니 두부 제조 기술을 제대로 학습해 명나라로 올 수 있도록 가르치라는 칙서를 받기까지 한다.

조선의 두부는 임진왜란 때 명나라 병사들의 식단으로도 제공되었다. 《선조실록》에 따르면 당시 원병으로 온 명나라 병사들이 조선의 백성을 약탈하는 것을 금지하는 대신 조선은 명나라 병사들에게 음식을 제공하기로 한다. 병사들의 계급에 따라 3가지 등급의 식단으로 나뉘었는데, 천자호반은 고기 한 접시+두부 소채+생선 한 접시+밥 한 공기+술 석 잔을 의미했고, 지자호반은 천자호반에서 생선과 술이 빠졌으며, 인자호반은 밥 한 공기에 두부와 절인 새우를 지급하는 식단이었다. 즉 계급과 관계없이 명군의 식단 모두에 두부가 포함되었다. 그 외에도 조선 시대의 각종 기록에는 양반들이 닭국에다 꼬챙이에 꿴 두부를 넣어 끓인 후 모여 나눠 먹는 연포회를 갖는 모습이 묘사되어 있다.

일본에서는 12세기 무렵 두부와 관련된 기록이 처음 등장하지만, 임진왜란 이후인 에도 막부(1603~1868) 시기가 되어서야 두부가 대중화되었다. 임진왜란에 참전한 일본인 장수가 조선에서 두부 제작법을 배워 일본으로 돌아가 두부를 만든 뒤 널리 퍼트렸다는 설이 있고, 두부를 만들 줄 아는 조선인을 일본으로 데려가 두부를 만들게 했다는 설도 있다. 당시 일본군은 조선의 도자기 기술자나 성리학자를 일본으로 납치해 일본의 문화를 발전시키는 데 이용했기 때문에 두부도 후자 쪽이 사실에 가까울 것으로 추정되고 있다.

만두

만두의 기원은 중국이라는 인식이 강하다. 특히 나관중의 역사 소설 《삼국지연의》에서는 만두 발명가를 촉한의 승상 제갈량이라고 소개하고 있다. 제갈량이 남만(현재의 중국 윈난성 일대로 추정)을 정벌하고 돌아오는 길에 강에 풍랑이 크게 일어 강을 건널 수 없자, 이민족 지배자들이 남방의 풍습대로 사람의 머리를 잘라 강에 던지면 풍랑이 잦아들 것이라고 알려주었다. 이때 제갈량은 사람 머리 대신 밀가루 반죽에 소고기와 양고기를 넣어 사람 머리 모양으로 빚은 후 강에 던지자 풍랑이 잦아들었다고 한다. 이 일화에서 비롯되어 '이민족의 머리'를 의미하는 만두(蠻頭)가 현재 우리가 먹는 만두(饅頭)의 어원이 되었다는 것이다.

하지만 역사서 《삼국지》에는 제갈량이 남만을 정벌했다는 기록만 실려 있을 뿐 만두를 다룬 내용은 없다. 이는 송나라 때의 《사물기원》에 실린 이야기를 나관중이 채택한 것으로, 역사적 근거가 부족하다. 그나마 비슷한 시기에 후한의 한 은퇴한 관리가 겨울에 백성들이 먹을 음식을 만드는 과정에서 등장했다는 이야기가 있다. 이것 역시 3세기 초반의 일이기 때문에 중국에서는 만두를 만들어 먹기 시작한 시기를 3세기 전후로 보고 있다.

그런데 3세기 이전부터 이미 만두를 만들어 먹은 지역이 있다. 밀 재배가 시작된 고대 메소포타미아 지역이다. 메소포타미아 문명에서 만든 점토판에 만두와 유사한 음식인 푀겔헨의 레시피가 적혀 있어 이 근처인 중동 지역을 만두의 발상지로 보기도 한다. 푀겔헨은 밀가루 반죽을 넓게 편 후 그 위에 고기소를 넣고 다시 반죽을 덮어 경단 모양으로 빚은 다음 발효시켜 먹는 음식이다.

이 푀겔헨이 실크로드를 따라 중국으로 전파되면서 만두가 된 것이 아닌가 추측하기도 한다. 실크로드 지역에 존재하는 여러 나라에는 만두와 비슷한 음식들이 있는데, 이 음식들의 이름 또한 만티, 만트 등 만두와 상당히 유사하다. 다만 전파 경로에 대해서는 두 가지 주장이 있다. 메소포타미아 지방의 푀겔헨이 실크로드를 따라 전파되면서 조금씩 변화하며 중국의 만두가 된 것으로 보기도 하고, 푀겔헨이 중국에 전파되어 만두가 된 후 13세기 몽골 제국의 팽창으로 만두가 다시 서쪽으로 전파되면서 만트나 만티가 된 것으로 보기도 한다.

만두는 언제 우리나라에 들어왔을까? 기록을 보면 늦어도 고려 시대에는 만두가 있었던 것을 알 수 있다. 고려 가요 〈쌍화점)은 "쌍화점에 쌍화 사러 갔더니"로 시작하는데, 이 쌍화가 만두를 의미하는 것으로 해석하는 것이 정설이다. 《고려사》에는 명종(재위 1170~1197) 때 거란에서 귀화한 위초가 병이 든 아버지를 위해 자신의 다릿살로 만두를 만들어 먹이자 왕에게 포상받았다는 기록도 있다. 충혜왕(재위 1330~1332)이 궁궐 부엌에 몰래 들어가 만두를 훔쳐먹은 사람에게 처벌을 내리는 기록이 남아 있다. 이후 조선 시대를 거치면서 만두는 귀한 음식으로 대접받았다. 한반도에서는 만두피의 원료인 밀의 재배가 적었기 때문이다. 그래서 조선 이후 밀가루 대신 메밀, 얇게 저민 생선 살로 만두피를 대체한 요리가 발전했다.

잡채

　우리 민족의 대명절 추석은 떨어져 지내던 가족들이 오랜만에 만나는 즐거운 날이기는 하지만 명절 음식을 준비하기가 큰 부담이 되곤 했다. 다행히 요즘에는 명절 간편식이 나오면서 전이나 잡채처럼 손이 많이 가는 음식들을 손쉽게 만들 수 있다. 그런데 명절 대표 음식 잡채는 원래 당면이 들어가지 않는 음식이었다.

　잡채의 사전적 정의는 '채소, 버섯, 고기 등을 볶아 삶은 당면과 함께 무친 음식'이다. 하지만 잡채(雜菜)라는 한자를 풀어보면 여러 가지 채소를 섞은 요리라는 뜻이다. 즉 처음 잡채는 채소와 고기로 만든 음식이었고, 나중에 당면이 들어가면서 지금 우리가 아는 모습으로 바뀐 것이다.

　조선 시대 요리책 《음식디미방》에는 잡채에 대해 버섯, 오이, 무, 도라지 같은 채소를 볶고 무친 뒤 삶은 꿩고기를 넣어 만든 음식이라는 설명이 나온다. 이에 따르면 꿩을 삶은 육수에 된장과 밀가루를 풀어 소스를 만들어 얹기도 했다. 당시 잡채는 이렇게 여러 과정을 거쳐야 해서 쉽게 만들 수 없는 고급 요리로 여겨졌다.

잡채는 왕도 즐겨 먹던 음식이었다. 조선왕조실록 중《광해군일기》1608년 12월 10일자에는 광해군 때 관리 이충이 잡채 때문에 유명해졌다는 재미있는 기록이 실려 있다. 그는 겨울에도 지하에 온실을 만들어 채소를 길렀고, 그 채소로 반찬을 지어 왕에게 올렸다. 이 덕분에 큰 총애를 받아 높은 벼슬까지 올랐다. 사람들은 그를 '잡채 판서'라고 불렀는데, 사실은 비난이 섞인 별명이었다. 반찬으로 왕의 마음을 얻어 높은 벼슬을 얻었다고 조롱한 것이다.

그렇다면 당면은 언제부터 잡채에 들어갔을까? 19세기의 요리서《규곤요람》에도 잡채 레시피에 당면이 들어가지 않지만 20세기에 발간된 요리책들에 당면이 들어간 잡채 레시피가 소개되어 있다. 이를 보면 오늘날 우리가 아는 잡채가 본격적으로 만들어지기 시작한 것은 일제 강점기로 보인다. 1919년 황해도 사리원에 당면 공장이 생기면서 당면이 본격적으로 쓰였기 때문이다. 이런 변화를 두고 '잡채에 당면이 들어가는 것은 좋지 않다'고 비판하기도 했지만 잡채는 빠르게 당면이 들어간 요리로 바뀌었다. 다만 이 시기의 잡채도 지금과는 조금 달랐다. 당면이 들어가기는 했지만 채소와 비율이 비슷해서 당면은 여러 재료

중 하나였다. 그러다 한국 전쟁 이후 당면의 양이 점점 많아지면
서 오늘날처럼 당면이 주재료가 된 잡채가 만들어졌다. 전쟁 이
후에는 고기와 신선한 채소를 구하기 쉽지 않았다. 게다가 당면
은 대량 조리가 편리하고 먹었을 때 금방 배가 부른다는 장점도
있었다. 이에 따라 당면 비율이 늘어나면서 양념도 바뀌었는데,
간장과 설탕을 더해 당면에 어울리는 맛을 낸 것이다.

삼계탕

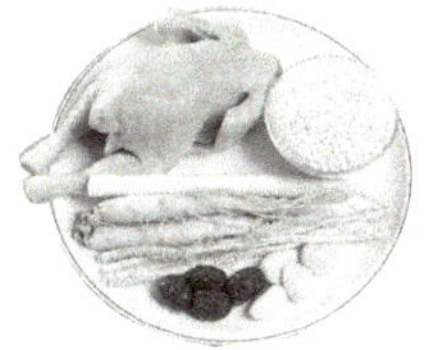

최근 집에서 데워 먹는 간편식 삼계탕 판매량이 늘고 있다. 일찍 찾아온 무더위로 보양식 수요는 늘었지만 물가 상승으로 외식이 부담되어 비교적 저렴한 간편식이 인기를 끄는 것이다. 여름철 삼복더위를 이겨내는 대표적인 전통 보양식 삼계탕은 어떤 역사를 품고 있을까?

과거에 고기는 양반 같은 상류층이 아니면 주로 제사 같은 특별한 날에만 먹거나 무더운 여름철 특별 건강식으로 먹기도 했다. 예전에는 지금처럼 병아리를 사시사철 부화시키기 어려웠다. 그래서 봄철에 부화한 병아리가 여름쯤 먹을 만한 크기로 크면 보양식 재료로 활용했다. 병아리와 닭의 중간 정도 크기로 성장한 이런 닭을 연계라고 했는데, 세월이 지나 지금은 '영계'라고 부른다. 오늘날 흔히 먹는 영계백숙도 예전부터 시작된 것이다. 특히 한반도에서 자라는 오골계는 영양 성분이 좋기로 유명해 조선 후기 《임원십육지》 등에서는 좋은 오골계를 구별하는 방식을 서술하고 있으며, 《동의보감》에도 그 효능이 기록되어 있다. 중국의 송나라나 청나라 황실에서도 한반도에서 자란 오골계를 약용으로 복용했다.

이렇게 만들어 먹던 닭백숙에 인삼을 넣어 만든 요리를 계삼탕이라 불렀는데, 이 계삼탕이 삼계탕의 기원이라고 볼 수 있다. 전통 음식이라 해서 역사가 길다고 생각하겠지만 우리나라 사람들이 오랫동안 먹어온 것은 닭백숙이고, 계삼탕의 시작은 일제 강점기로 보는 것이 정설이다. 일제 강점기 때 조선총독부의 자문 기관인 중추원이 조선의 풍속을 조사한 자료나 일제 강점기에 편찬된 요리서 《조선요리제법》을 보면 "조선의 부유층들은 여름철 닭백숙을 만들 때 닭 안에 찹쌀과 인삼 가루를 넣어 먹는다"는 기록이 있다. 인삼 뿌리를 통째로 쓰는 것이 아니라 인삼 가루를 사용한다는 점만 빼면 지금의 삼계탕과 매우 유사하다. 다만 조선 후기부터 인삼 생산량이 늘어나 이때쯤 삼계탕이 등장했을 것으로 추측하기도 한다. 닭과 인삼을 함께 달여 그 국물을 마시거나 환약으로 만들어 먹었다는 기록도 있다.

삼계탕이 인삼 가루 대신 지금처럼 인삼 뿌리를 그대로 넣어 먹는 음식으로 발전한 것은 1960년대 전후로 보인다. 한국 전쟁 이후 충청남도 금산이 새로운 인삼 시장으로 발전했고, 냉장고가 보급되어 수삼, 즉 인삼을 말리지 않고 자연 상태 그대로 둔 것을 신선하게 보관했다가 요리에 쓸 수 있게 되었다. 그전에는 보관이 어려워 인삼을 말려 가루로 만들었다가 먹었다.

삼계탕이 복날 보양식으로 인기가 높아진 것은 1988년 서울올림픽 전후다. 당시 보양식의 대표 주자는 보신탕이었는데, 올림픽을 앞두고 해외에서 개 식용이 논란이 되자 서울시가 보신탕 판매를 금지했다. 결국 보신탕의 인기는 줄었고 그 자리를 삼계탕이 차지했다. 과거에는 보신탕이 서민의 여름 보양식, 삼계탕은 상류층의 보양식으로 여겨졌는데, 이제는 오히려 보신탕은 소수의 애호가만 먹는 보양식이었다가 법 개정으로 역사 속으로 사라졌고, 삼계탕이 대중적인 보양식 자리를 차지하고 있다.

고추장

동아시아 문화권 국가들은 고대부터 장을 만들어 먹었다. 3세기에 쓰인 중국 역사서 《삼국지》의 〈동이전〉은 만주와 한반도 국가들의 생활상을 소개하는데, 여기에 고구려는 장을 잘 담그는 나라로 적혀 있다. 《삼국사기》 기록에서는 신라 31대 국왕인 신문왕(재위 681~692)의 결혼식 폐백 품목 중에 된장이 있었을 정도이니 된장과 간장의 역사는 매우 오래된 것임을 알 수 있다.

반면에 고추장의 역사는 그리 길지 않다. 고추장의 주재료인 고추가 한반도로 들어온 시점이 임진왜란(1592년 발발)쯤이기 때문이다. 고추장을 만드는 법이 기록된 최초의 문헌인 《증보산림경제》는 영조 대인 18세기에 등장한다. 16~17세기쯤 한반도에 전래된 고추가 차차 한국인들의 입맛을 사로잡으면서 18세기 장 문화에 접목된 것으로 보인다. 이성계가 조선을 건국하기 전에 순창 지역에서 고추장 맛을 보고 조선을 건국한 후 수라에 고추장을 올리라고 했던 이야기나, 조선 전기의 기록에 등장하는 초장을 고추장으로 해석하기도 하지만 고추의 전래 시기를 생각했을 때 이는 사실이 아닌 것으로 여겨진다.

고추장 하면 어느 지역이 먼저 떠오를까? 1809년 저술된 조선의 생활백과 《규합총서》는 충남 천안과 전북 순창 지역 고추장을 명물로 소개한다. 이 중 순창은 지금도 고추장으로 유명한 곳이다. 일제 강점기인 1925년에 조선 후기 각 지역의 생활상을 담은 《해동죽지》가 출판되었는데, 이 책도 순창 고추장을 최고의 고추장으로 꼽는다. 이 책에 된장과 간장은 주변국에서도 볼 수 있지만 고추장은 조선에만 있다고 적혀 있다.

고추장은 한국인의 밥상에 없어서는 안 될 존재다. 왕의 밥상도 다르지 않았다. 조선 시대 왕들의 행적을 기록한 《승정원일기》에 따르면 21대 왕 영조(1694~1776)는 고추장을 특히 좋아했다. 82세에 생을 마감한 영조는 조선 시대 가장 장수한 왕이다. 그런 영조도 나이가 들면서 소화 기능이 떨어지고 입맛이 없을 때 고추장을 찾았으며, 나중에는 고추장 없이는 밥을 먹지 못할 지경이었다고 한다. 영조는 순창 조씨인 조종부라는 신하 집안의 고추장을 매우 좋아했는데, 심지어 조종부가 영의정을 비난하자 자신의 정치적 이익만 위한다며 괘씸히 여기면서도 그 집안의 고추장만큼은 사랑했다고 한다. 조종부가 죽은 후에는 궁중의 고추장이 조종부 집안 고추장보다 못하다며 조씨 집안의 고추장을 그리워했다고 전해진다.

초콜릿

초콜릿은 달콤한 맛으로 인기가 높다. 하지만 초콜릿의 원재료인 카카오 콩에는 단맛을 내는 성분이 없다는 사실을 알고 있는가?

카카오의 원산지는 라틴아메리카 지역이다. 이곳에서 처음 카카오 콩을 가지고 만든 요리도 단맛이 아니라 쓴맛과 매운맛을 강조하는 요리였다. 멕시코 지역 원주민들은 카카오를 음료나 약용으로 사용했는데, 카카오 콩을 곱게 가루로 만든 후 이 가루와 옥수숫가루를 섞어 끓여 걸쭉한 죽 같은 음료를 만들었다. 이것이 당시 원주민들이 신의 음료라고 생각했던 쇼콜라틀이다. 이들은 쇼콜라틀에 고추나 후추를 넣어 맵고 쓴맛을 즐겼다. 고추를 넣어 만든 쇼콜라틀은 지금도 멕시코 지역에서 맛볼 수 있지만, 상상 이상으로 쓰기 때문에 먹기 전에 주의해야 한다. 멕시코 지역에서 발전한 아스테카(아즈텍)제국(1428~1521)에서는 카카오 열매를 얻기 위해 주변 부족을 정복하고 카카오 열매를 공납으로 받기도 했다고 전해진다.

카카오는 크리스토퍼 콜럼버스가 서인도제도에 도착했을 무렵 유럽으로 전해진다. 이때는 카카오를 아메리카 대륙에서 자라는 쓸모없는 농작물로 여겼다. 그러나 스페인 왕국이 라틴아메리카 지역을 정복하면서 카카오의 효능을 알게 되었다. 아스테카 제국을 멸망시킨 에르난 코르테스가 "아스테카 제국에서 화폐로 쓰일 정도로 귀중한 물건이고, 피로 회복제로서 훌륭한 효능이 있다"고 본국에 보고한 것이다. 당시 카카오 열매 10알이면 토끼 한 마리를, 100알이면 노예 한 명을 살 수 있었다고 한다.

코르테스가 카카오 열매의 효능에 대해 보고한 이후 초콜릿은 유럽 상류층이 독점하는 별미 음료로 인식되었다. 맛은 좋지 않았지만, 피로 회복과 에너지 보충 효과가 뛰어난 음료로 인식되었다. 이후 유럽 각국에서는 초콜릿 열풍이 불었고, 아메리카 대륙 식민지에 카카오를 재배하는 플랜테이션 농장을 설치하기도 했다. 또한 초콜릿의 쓴맛을 줄이기 위해 초콜릿 음료에 설탕을 섞자 초콜릿의 인기는 그야말로 하늘 높은 줄 모르고 치솟았다.

이후 대항해 시대의 후발 주자인 네덜란드와 영국 등은 사략선(국가에서 해적 활동을 공인받는 대신 약탈품을 국가에 일부 납부하는 해적)을 통해 스페인 선박을 공격하고 교역 물품을 노획하곤 했다. 이 과정에서 카카오 열매가 노획되면서 카카오 열매로 만든 음료는 유럽 상류층이 독점하는 별미가 되었다. 이 시기 유럽에서 이 음료가 초콜릿, 쇼콜라, 초콜라토 등으로 불렸는데, 카카오 음료의 원래 이름이었던 쇼콜라틀에서 유래한 것이다. 다만 언제부터 초콜릿 등으로 불렸는지는 정확하게 알 수 없다. 유럽 각국에 초콜릿 열풍이 불면서 아메리카 대륙 식민지에 카카오를 재배하는 플랜테이션 농장이 설치되기도 했다. 이 과정에서 쓴맛을 줄이기 위해 초콜릿 음료에 설탕을 섞었다.

고체 형태인 초콜릿은 19세기 네덜란드에서 만들어졌다. 초콜릿 제조업자 코엔라트 판 호텐이 1828년 카카오 콩에서 지방 성분을 분리해내는 법을 발견한 것이다. 카카오 열매를 발효시킨 것을 카카오매스라고 하는데, 카카오매스에서 짜낸 기름으로 카카오버터를 만들고, 기름을 짜내고 남은 물질로 코코아 파우더를 만든다. 코코아 파우더를 물에 녹인 후 설탕과 카카오버터 등과 섞으면 걸쭉한 형태의 액체 초콜릿이 만들어지는데, 이 액체를 형틀에 붓고 굳히면 판 형태의 초콜릿이 된다. 또한 1876년 스위스에서는 제과업자 다니엘 페터와 앙리 네슬레가 초콜릿 제조 과정에서 분유를 섞어 밀크 초콜릿을 개발했고, 이때 창립한 네슬레는 초콜릿 제품을 만드는 대표적인 브랜드 중 하나로 지금까지 운영되고 있다.

탕후루

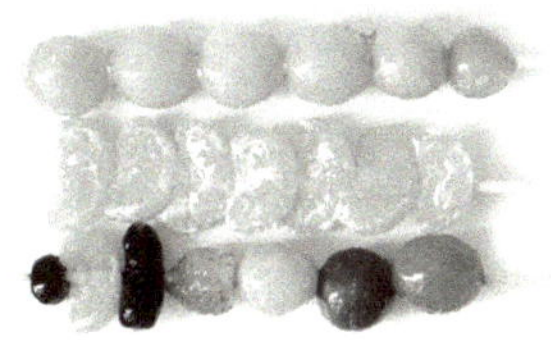

　최근 길거리를 돌아다니다 보면 탕후루를 파는 곳이 많이 보인다. 탕후루는 과일에 설탕물을 입힌 후 말리거나 얼려서 굳힌 음식으로, 베이징 지역의 대표적인 간식이다.

　중국 음식인 탕후루는 한자로 糖葫蘆(당호로)다. '당'은 설탕, '호로'는 표주박이라는 뜻이다. 탕후루는 여러 과일을 꼬지에 꽂아 만드는데, 여러 과일이 주렁주렁 달린 것이 마치 표주박처럼 생겼다고 해 붙은 이름이라고 한다. 탕후루를 만들 때 표주박처럼 생긴 그릇에 꿀이나 설탕물을 담아 끓여 이런 이름이 붙었다는 설도 있다.

　가장 널리 알려진 설에 따르면 탕후루는 중국 송나라에서 기원했다. 송나라 12대 황제 광종(재위 1189~1194)은 아끼는 후궁 황귀비가 몸이 좋지 않자, 온갖 좋은 약을 동원했지만 황귀비의 건강은 나아지지 않았다. 이때 황실 의원 중 한 명이 산사나무 열매를 설탕과 달여 식전에 5~10개 정도 먹도록 했는데, 이 음식을 먹자 황귀비가 건강을 되찾았다고 한다. 실제로 산사나무 열매는 소화에 좋다고 알려져 있다. 이 음식이 탕후루의 기원으로 여겨진다. 황귀비는 건강을 되찾았지만 천수를 누리지는 못했다. 광종의 황후인 자의황후가 광종이 총애하는 후궁이나 궁녀를 심하게 질투했기 때문이다. 광종이 궁을 떠난 사이 황귀비는 자의황후에게 제거당했다.

탕후루가 북방 유목 민족 거란이 세운 요나라에서 기원했다는 설이나 중국 명나라 때 기원했다는 설도있다. 하지만 중국 송나라 때 현재 스리랑카 지역에서 사탕수수를 수입한 후 이것을 끓여 설탕물을 얻어냈다는 기록이 있다. 광종이 죽고 50여 년 후 항저우 풍경을 묘사한 기록에 탕후루와 비슷한 음식도 나온다. 따라서 송나라 때 탕후루가 만들어졌다는 것이 정설로 여겨진다. 다만 지금처럼 길거리에서 싼값에 쉽게 먹을 수 있는 음식은 아니었다. 당시 설탕은 매우 귀한 고급 식재료였기 때문이다. 원래는 산사나무 열매로 만들었지만, 지금은 주로 딸기나 샤인 머스캣을 이용한다. 산사나무 열매는 신맛이 강해 그냥 먹기 힘들어 탕후루로 만들었지만, 현대의 탕후루는 그냥 먹어도 충분히 단 과일들에 설탕 코팅을 입힌 것이므로 과하게 먹으면 건강에 좋지 않으니 유의해야 한다.

탕후루와 비슷한 음식에는 어떤 것이 있을까? 한과 중에서는 정과를 들 수 있다. 이는 과일이나 식물 뿌리 등에 꿀을 넣고 졸인 간식이다. 예전 탕후루처럼 산사나무 열매를 이용하기도 했고, 모과와 유자, 배 등 과일을 쓰기도 했다. 연근이나 생강, 도라지를 이용해서도 정과를 만든다. 이 정과 건더기를 꿀물에 띄워 만든 것이 수정과다.

서양에는 사과로 만든 캔디 애플이 있다, 미국의 제과점 상인 윌리엄 콜브가 1908년 설탕에 절인 사과를 판 것을 캔디 애플의 시초로 본다. 주로 사과 수확이 끝난 시점인 핼러윈(10월 31일)이나 '가이 포크스의 날'(11월 5일) 등 축제 행사에서 캔디 애플을 팔았다. 사과 수확이 끝난 시기에 열리는 대규모 축제였기 때문에 사과로 간식을 만들기 적절한 시기였다.

빙수

동아시아 문화권에서 빙수에 관한 최초 기록은 중국에서 찾을 수 있다. 3천여 년 전에 중국에서 얼음에 꿀이나 과일즙을 뿌려 먹었다는 기록이 있다. 이후 당·송 시대의 기록에서도 얼음에 꿀을 섞어 팔았다거나 얼음에 팥과 꿀을 올려 먹었다는 기록이 나온다. 유제품을 얼린 음식도 묘사되는데, 원나라 시기에 중국을 방문한 마르코 폴로의 《동방견문록》에도 이와 관련한 기록이 남아 있다. 일본에서는 11세기에 빙수에 대한 기록이 있는데, 얼음을 칼로 갈아 칡즙을 뿌려 먹었다고 한다.

우리나라에서는 《삼국사기》에 얼음을 채취해 여름 음식에 활용했다는 기록이 있지만 빙수와 비슷한 형태는 아니었다. 음료에 얼음을 띄우거나, 얼음 위에 음식을 올렸다. 조선 시대에는 빙수가 있었던 것으로 보인다. 얼음을 갈아 그 위에 다양한 과일을 얹어 나누어 먹었다. 다만 이때 얼음을 먹은 것인지 얼음 위에서 시원해진 과일을 먹은 것인지는 정확히 알기 어렵다.

　서양에서는 고대부터 빙수가 있었는데 동아시아와는 재료가 약간 달랐다. 동아시아 문화권에서 겨울에 얼음을 채취해 보관한 후 여름에 사용했다면, 서양에서는 눈을 주로 이용했다. 알프스산맥처럼 높은 산에는 겨울에 내린 눈이 여름에도 녹지 않았고, 이 눈을 식용으로 사용한 것이다. 산에서 가져온 눈에 꿀을 뿌려 먹었는데, 마케도니아의 알렉산드로스 대왕이 원정을 떠날 때 더위에 고생하는 병사들에게 나누어 주었다는 기록과, 로마의 네로 황제가 이 음식을 즐겨 먹었다는 기록이 전해진다. 다만 동아시아든 서양이든 재료를 구하기가 쉽지 않아 빙수는 대체로 상류 특권층만을 위한 음식이었다.

　우리나라에서 빙수가 대중화된 것은 개항기 이후다. 얼음을 갈아 칡즙 등을 뿌려 먹는 일본 문화가 개항 이후 들어온 것이다. 1882년 얼음을 가는 기계가 개발되면서 냉차와 빙수가 일본인 상인들을 통해 퍼지기 시작했는데, 주로 칡과 생강에 설탕 등을 섞어 빙수에 뿌려 먹었다. 일본이 청일전쟁에서 승리해 대만을 점령하면서 대만의 망고, 바나나 등 열대과일을 얹은 과일빙수를 먹기 시작했으며, 이후 팥에 설탕을 버무려 먹는 방식으로 변화했다. 특히 어린이날 제정으로 유명한 독립운동가 소파 방정환이 빙수를 좋아해 하루에 7~8그릇이나 먹을 정도였다고 한다. 하지만 이 시기에는 빙수를 먹고 배탈이 나는 경우도 많았는데, 식용 얼음이 아닌 치료용 얼음이나 생선 보관용 얼음 등으로 만든 저급 빙수가 늘어났기 때문이다.

또한 일본식 빙수는 보통 얼음에 한 종류의 시럽이나 재료 등을 얹어 먹는 형태이지만, 한국식 빙수는 단팥뿐 아니라 떡이나 아이스크림, 과일 등 다양한 재료를 얹어 얼음에 섞어 먹는다. 이런 변화는 한국 전쟁 이후부터 조금씩 시작되었다. 서양 문물이 들어오고, 경제가 발전하면서 다양한 재료를 빙수에 활용할 수 있게 되었고, 이에 맞춰 빙수 형태도 변화해 우리나라만의 특색이 생긴 것이다. 최근에는 고급 과일 등을 이용해 10만 원에 달하는 고가 빙수까지 등장했다.

호두과자

호두과자는 달콤하고 고소한 맛이 나는 대표적인 길거리·휴게소 간식이다. 특히 충남 천안시는 호두과자로 유명하다. 그렇다면 호두는 언제 한반도에 들어왔으며, 호두과자는 언제부터 만들어졌을까?

호두의 원산지는 지금의 이란 지역으로 추정된다. 이란의 호두가 교역을 통해 동남아시아를 거쳐 중국으로 전파되었고, 중국에서 한반도로, 한반도에서 일본 열도로 퍼져나갔다고 한다. 호두가 한반도에 전해진 시점은 고려 시대라고 보는 견해가 많다.

고려 말 유청신이라는 관료가 원나라에 사신으로 가서 호두를 가져왔으며, 천안시에 있는 광덕사에 어린 호두나무를, 자기 집 뜰에 호두 열매를 심은 것을 최초의 호두 유입으로 보는 설이 있다. 지금도 광덕사에는 호두나무가 있다. 그런데 유청신이 광덕사에 호두나무를 심은 것은 기록상 약 700년 전인데, 이 호두나무는 400여 년 된 것으로 추정되어 해당 나무를 유청신이 심었는지는 확실하지 않다.

호두 유입 시기를 통일 신라와 발해가 있던 남북국 시대로 보는 견해도 있다. 이 주장의 근거는 일본 도다이지(東大寺)의 왕실 유물 창고 정창원에서 1933년 발견된 신라촌락문서다. 이 문서는 통일 신라 때 지방 촌락의 인구와 토지, 가축 등 재산을 파악하고 세금을 거두기 위해 작성한 것이다. 조사 내용 중 '호도(胡桃)'가 있는데, 이것이 지금의 호두라는 의견이 있다. 하지만 음식이나 열매 이름은 세월이 지나면서 바뀌는 경우가 있어서 촌락문서의 호도가 호두인지, 호두와 비슷한 다른 열매인지는 확인되지 않는다. 해당 기록의 호두 설을 부정하는 측에서는 이를 가래나무의 열매로 해석하고 있다.

광덕사가 있는 천안 광덕면에는 25만 그루가 넘는 호두나무가 재배되고 있다. 이 지역 호두는 껍데기가 얇고 알이 꽉 차 우리나라 호두 중 최고 품질로 인정받으며 천안의 대표 특산물로 손꼽힌다. 호두는 해발 고도 400미터가 넘는 산지에서 잘 자라는 것으로 알려져 있다. 광덕사는 광덕산 기슭에 위치해 있기 때문에 호두가 잘 자랄 수 있는 최적의 조건을 갖춘 곳이다.

호두과자가 시작된 곳도 천안이다. 일제 강점기에 일본의 풀빵(틀에 밀가루 반죽을 붓고 단팥을 넣어 만든 빵) 문화가 우리나라에 들어왔고, 이 제빵 기술을 눈여겨본 조귀금, 심복순 부부가 천안 명물인 호두를 이용해 호두과자를 만들어낸 것이다. 지금도 이 부부의 후손이 상표권을 갖고 매장을 운영하고 있다.

이후 호두과자가 전국에서 인기를 얻게 된 것은 철도 덕분이다. 당시 기차들이 배차 간격을 조정하거나 신호 대기를 위해 잠시 천안역에 정차하는 경우가 많았다. 과거에는 기차에서 카트를 끌고 다니며 간식을 판매하는 상인들이 있었다. 기차가 머무르는 동안 상인들이 승강장을 오가며 호두과자를 팔았고, 승객들을 통해 전국 각지로 알려졌다.

껌

최근 껌 소비량이 크게 줄었다. 코로나 시기 마스크를 착용하며 껌을 씹기 불편해지자 껌 판매가 급격히 줄었는데, 코로나 이후에도 껌 소비가 회복되지 않고 있다. 이 때문에 껌 회사들은 금연 껌과 같은 기능성 껌에 주목하고 있다.

인류는 아주 오래전부터 무언가를 계속 씹어 왔다. 고대 그리스 사람들은 유향수라는 나무에서 나오는 진액을 씹었으며, 고대 마야인들은 사포딜라 나무에서 나오는 치클을 씹었다. 북유럽에서는 자작나무의 진액으로 만든 껌을 씹었는데, 자작나무는 오늘날 자일리톨이 함유된 껌의 원료가 되고 있다. 이런 '원시껌'들은 씹는 행위 자체의 즐거움도 있었지만, 양치 목적으로 씹기도 했다. 영국에서 17세기경 스튜어트 왕조가 개창되면서 영국의 많은 청교도 신자들은 종교의 자유를 찾아 영국을 떠나 식민지를 개척했는데, 현재의 미국 동해안 역시 이들이 도착해 개척한 식민지였다. 미국 원주민들은 가문비나무의 진액을 씹었는데, 이후 미국에서는 1848년에 가문비나무의 진액을 이용해 껌을 만들어 팔기 시작했다. 껌이 상업화되면서 파라핀 왁스도 껌의 재료로 이용되었다.

19세기에 접어들면서는 껌의 재료에 새로운 변화가 일어난다. 멕시코 장군이자 대통령이던 안토니오 로페스 데 산타안나는 공업 원료로 천연고무 치클을 사용하는 법을 찾고 있었다. 산타안나는 미국의 발명가 토머스 애덤스에게 치클 활용법 연구를 의뢰했고, 애덤스는 치클로 타이어 등을 만드는 방법을 찾아보았으나 실패했지만, 치클을 공업 원료로는 사용하기 힘들어도 껌의 재료로는 사용할 수 있겠다고 생각했다. 이에 애덤스는 치클에 여러 가지 맛을 첨가한 껌을 개발해 팔기 시작했고, 이 껌에 치클렛이라는 이름을 붙였다.

껌이 세계 곳곳으로 퍼진 계기는 전쟁이었다. 전쟁 중인 군인들은 수통에 있는 물을 아껴 마셔야 했기에 갈증에 시달리는 일이 잦았는데, 이를 껌이 해결해주었다. 껌을 계속해서 씹으면서 침을 삼키자 갈증을 일시적으로 잊을 수 있었다. 달콤한 맛과 향이 나는 껌을 씹는 것은 전투로 인한 긴장과 스트레스를 풀어주는 역할도 했기 때문에 제1, 2차 세계 대전 시기 미군에 의해 껌이 퍼져나갔다.

우리나라에는 언제 껌이 들어왔을까? 일제 강점기였던 1920년대 신문 광고 중에는 '리구레제 충잉껌'이라는 광고가 있었다. 리

구레는 미국의 껌 회사인 리글리를 의미하고, 충잉껌은 추잉 껌을 뜻한다. 적어도 일제 강점기 때는 미국산 껌이 한반도에 수입되었다는 것이다. 또한 미 군정기나 한국 전쟁 이후 아이들이 미군 트럭을 따라다니며 먹을 것을 달라고 했는데, 이때 초콜릿이나 껌 등을 받았다고 한다. 최초의 국산 껌은 1956년 해태제과에서 출시했다.

통조림

통조림은 전쟁 때 발명되었다. 병사들이 먹을 전투 식량은 휴대와 조리가 간편해야 했고, 쉽게 상하지 않아야 했다. 과거에는 주로 말린 고기(육포나 건어물 등)나 염장된 고기 혹은 건빵류를 전투 식량으로 지급했지만 이 역시 장기간 보관은 어려웠다.

1809년 프랑스의 나폴레옹은 상금을 걸고 대량의 음식을 썩지 않게 보관할 방법에 대한 공모전을 열었다. 이 시기에 군대의 규모가 대폭 증가해 기존 방식의 비상식량과 현지 징발로는 군대의 식량 수요를 충당하기 어려웠기 때문이다. 이때 프랑스의 요리사이자 발명가 니콜라 아페르가 유리병에 음식물을 넣고 가열한 후 밀봉하면 병 안에 담긴 음식물이 오랜 기간 썩지 않는다는 점을 발견했다. 이것을 '병조림'이라고 부른다. 아페르의 병조림은 공모전에서 우승했고, 프랑스군은 병조림으로 전투 식량을 만들기 시작했다.

하지만 병조림에는 큰 단점이 있었다. 운송 중 유리병이 파손될 염려가 컸고, 코르크 마개와 촛농으로 병 입구를 막은 탓에 뚜껑이 완벽하게 밀봉되지 않아 내용물이 썩기도 했다. 이런 단점을 개선한 것이 통조림이다. 통조림은 당시 프랑스와 전쟁을 벌이던 영국에서 처음 만들어진다. 영국의 기술자 피터 듀랜드는 영국군이 포로로 잡은 프랑스 병사가 가지고 있던 병조림 이야기를 전해 들었다고 한다. 이에 병 대신 양철로 만든 깡통에 음식물을 담아 완벽하게 밀봉하는 방식의 통조림을 개발한다. 깡통에 익히지 않은 채소나 고기 등을 넣고 물에 담근 뒤 가열해 뚜껑을 밀봉하는 방식이었다.

그렇게 1812년 영국에 최초의 통조림 공장이 세워졌고, 이듬해부터는 영국군의 전투 식량으로 통조림이 제공되었다. 하지만 당시 듀랜드는 밀봉한 음식물을 어떻게 꺼낼지는 크게 고려하지 않았다. 최근 만들어지는 통조림의 뚜껑에는 고리가 달려 있어 고리를 당겨 쉽게 열 수 있지만, 당시의 통조림 뚜껑에는 아무것도 달리지 않았다. 대신 통조림 뚜껑에 "도끼나 망치 등의 도구로 여십시오"라는 문구가 적혀 있었다고 하는데, 당시 영국군은 통조림 뚜껑을 열기 위해 못 등을 대고 망치로 때려서 열거나, 심지어 총검(총 끝에 꽂는 칼)까지 사용했다.

통조림 따개는 40여 년 후인 1858년 미국에서 발명된다. 미국 발명가 에즈라 워너가 구부러진 칼날을 통조림 뚜껑 가장자리

에 밀어 넣고 그 주변을 힘으로 밀어 뚜껑을 여는 도구를 제작했
다. 이것이 최초의 통조림 따개다. 이때는 남북 전쟁(1861~1865)
직전이었다. 이후 전쟁이 벌어지자 전투 식량으로 통조림이 널
리 보급되었고, 통조림 따개도 군인들에게 지급되었다. 이후 제1
차 세계 대전과 제2차 세계 대전에서도 통조림이 전투 식량으로
사용되면서 통조림 제작 기술의 발전과 대중화를 이끌었다.

많은 젊은 독자들은 통조림 따개라는 개념이 익숙하지 않으리
라 생각된다. 요즘 통조림은 대부분 통조림 자체에 통조림을 딸
수 있는 고리가 달려 있기 때문이다. 이런 방식의 통조림을 흔히
'원터치 캔'이라고 하는데, 이 원터치 캔은 1959년 미국 발명가 에
멀 프레이즈가 자동차의 보닛을 보고 아이디어를 얻어 만들어
냈다.

티백

추운 겨울에 티백을 우려 차를 마시는 사람이 많다. 그런데 최근 티백을 우려낼 때 많은 미세 플라스틱이 배출된다는 연구 결과가 나왔다. 연구팀은 미세 플라스틱을 피하려면 티백이 아니라 찻잎 자체를 우려내어 마시는 것이 좋으며, 최소한 흐르는 물에 티백을 헹구거나, 종이 또는 식물성 물질로 만들어진 티백을 사용해야 한다고 권고했다. 다만 이런 미세 플라스틱이 작은 생물들이 아니라 인간에게 어떤 영향을 주는지는 확실하게 밝혀지지 않았다.

따뜻한 차(茶)를 마시는 것은 동양권에서 예전부터 이어져 온 문화로, 인도와 중국을 중심으로 한 아시아 문화권에서 일찍부터 마시기 시작했고, 역사학자들은 한반도에서는 늦어도 7세기쯤부터 차를 마시기 시작한 것으로 보고 있다. 9세기 통일 신라 흥덕왕 때는 차를 직접 재배하기도 했다. 서양에서는 15~16세기

본격적으로 차 수입이 시작된 이후부터 차를 마시는 문화가 발달했다. 영국 왕실에는 차가 없어서는 안 될 물품이 되었다. 왕실에 차를 유행시킨 것은 포르투갈 출신 왕비 카타리나(캐서린) 브라간자로 알려져 있다. 차 애호가인 왕비 덕분에 차 마시는 풍습이 왕실과 귀족층에서 점차 인기를 끌었다. 특히 오후에 차와 간단한 음식을 즐기는 다과 문화인 '애프터눈 티'는 영국 사회의 중요한 사교 의식으로 자리 잡는다. 빅토리아 여왕의 시녀 중 한 명은 오후에 허기를 달래기 위해 차를 마시거나 친구들을 초청해 간단한 다과회를 즐기기도 했다. 영국의 아메리카 식민지가 독립해 미국이 성립되는 과정의 시작도 식민지에 대한 차세에 저항한 보스턴 차 사건으로부터 시작되었다.

티백 역시 영국에서 시작되었다. 영국의 한 사업가가 1896년에 찻잎을 천으로 싼 티 볼(tea ball)을 개발한 것이 티백의 시초라고 볼 수 있다. 하지만 티백이 대중화된 것은 미국이었다. 20세기 초 뉴욕의 차 상인 토머스 설리번은 조그마한 비단 주머니에 찻잎을 포장해서 고객들에게 팔았다. 그런데 성질 급한 고객 몇몇이 주머니를 뜯지도 않은 채 뜨거운 물을 부어 차를 우려냈고, 나중에는 설리번에게 비단은 구멍이 너무 작아 차가 잘 우려지지 않는다고 불만을 제기했다. 이에 그는 비단 대신 거즈를 이용해 티백을 만들었다. 이 티백은 1902년에 특허를 받고 1908년에 상품화되어 많은 인기를 끌었다. 이후 티백은 거즈 대신 종이를 사용하거나 뜨거운 물에 넣고 꺼내기 쉽게 끈을 다는 등 다양한 변화를 거쳤다.

하지만 티 볼이 처음 개발된 영국에서는 정작 티백 문화가 발달하지 않았다. 제2차 세계 대전 이후인 1953년 미국의 한 차 회사가 영국에 티백을 소개한 후에야 영국에서도 티백이 팔렸다. 영국 사람들은 여전히 주전자에 찻잎을 넣고 우려내는 전통적인 방식을 선호했는데, 간편하고 저렴한 티백은 고급스럽지 않은 것으로 여겨진 것이다. 하지만 20세기 중반부터 고품질 티백들이 나오며 영국에서도 티백이 대중화되기 시작했다. 지금은 차에 대해 가장 보수적인 영국 사람들조차 대부분 티백 형태로 차를 마실 정도로 없어서는 안 될 물건이 되었다.

몸

자유롭게

농구
볼링
골프
당구
피구
체조
스키
바둑
체스
윷놀이
놀이공원
방학
아스팔트
핼러윈데이
무궁화꽃이 피었습니다

농구

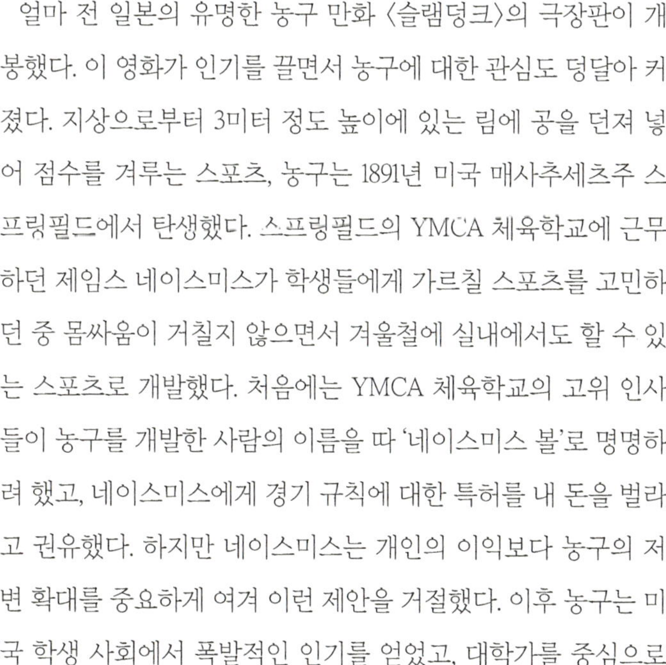

　얼마 전 일본의 유명한 농구 만화 〈슬램덩크〉의 극장판이 개봉했다. 이 영화가 인기를 끌면서 농구에 대한 관심도 덩달아 커졌다. 지상으로부터 3미터 정도 높이에 있는 림에 공을 던져 넣어 점수를 겨루는 스포츠, 농구는 1891년 미국 매사추세츠주 스프링필드에서 탄생했다. 스프링필드의 YMCA 체육학교에 근무하던 제임스 네이스미스가 학생들에게 가르칠 스포츠를 고민하던 중 몸싸움이 거칠지 않으면서 겨울철에 실내에서도 할 수 있는 스포츠로 개발했다. 처음에는 YMCA 체육학교의 고위 인사들이 농구를 개발한 사람의 이름을 따 '네이스미스 볼'로 명명하려 했고, 네이스미스에게 경기 규칙에 대한 특허를 내 돈을 벌라고 권유했다. 하지만 네이스미스는 개인의 이익보다 농구의 저변 확대를 중요하게 여겨 이런 제안을 거절했다. 이후 농구는 미국 학생 사회에서 폭발적인 인기를 얻었고, 대학가를 중심으로 급속히 퍼져나갔다.

초창기 농구 규칙은 지금과 달랐다. 그때는 공을 바닥에 던져 튕겨 올라오는 공을 다시 손으로 받아내는 행동을 계속 반복하는 기술인 드리블 개념이 없어 패스만 했다. 또 골대는 지금처럼 림에 그물을 매단 형태가 아닌, 말 그대로 바구니를 사용했다. 농구를 뜻하는 영어 단어 바스켓볼(basketball)은 실제로 공을 바구니에 집어넣는 스포츠여서 생긴 것이다. 그런데 공이 바구니에 들어가면 그때마다 바구니에서 공을 꺼내야 해서 경기가 자주 중단되곤 했다. 어느 날 골대용 바구니가 낡아 바구니 밑이 터지자 밑이 뚫린 골대라면 바구니에서 공을 꺼낼 필요가 없다는 것을 깨달았고, 지금의 형태로 발전했다. 초창기에는 농구 경기에서 사용하는 공이 따로 없어 축구공을 사용하기도 했다.

이후 규칙이 바뀌고 발전을 거듭한다. 1898년에는 최초의 농구 프로리그가 창설되었으나 선수 수급과 구단 운영 등의 문제로 1904년 해체되었다. 하지만 네이스미스 등의 노력으로 1932년 국제농구연맹(FIBA)이 창설되었고, 1936년 11회 베를린올림픽에서 정식 종목으로 채택되면서 농구는 다시 흥행할 수 있었다. 1946년에는 전미농구협회(NBA)의 전신인 아메리칸농구협회(BAA)가 발족했다.

현재 미국 프로농구에서는 흑인 선수가 많이 활약하고 있지만, 초창기 NBA나 대학 농구에서는 인종차별 때문에 흑인 선수들을 보기 어려웠다. 그래서 1966년 NCAA(미국대학농구)에서 텍사스 웨스턴대학이 우승할 때 주전 선수 대부분이 흑인이어서 여러 문제가 생겼다. 원정 경기에서 폭행당하거나, 흑인을 출전시킨다는 이유로 감독에게 협박을 가하는 이들도 있었다. 이 팀이 결승전에서 만난 상대 팀은 대회에서 우승을 밥 먹듯 하는 농구 명문 켄터키대학이었다. 흑인 선수 5명을 주전으로 내보낸 웨스턴대학 팀이 백인 선수 5명을 주전으로 내보낸 켄터키대학에 승리하면서 흑인 선수들의 입지가 커졌다. 이들의 이야기는 2006년에 영화 〈글로리 로드〉로 만들어졌다.

우리나라에서 농구는 1907년 선교사 질레트에 의해 도입되었다. 농구가 올림픽 정식 종목으로 채택된 베를린올림픽은 손기정 선수의 마라톤 우승과 일장기 말소 사건으로 유명한 대회다. 이 대회에서 잘 알려지지 않았지만 농구에서도 일본 국적으로 출전해야 했던 조선인 농구 선수들이 있었다. 이성구, 장이진, 염은현 선수가 일본팀의 일원으로 참가했다. 당시 일본은 2승 5패로 13위를 기록했다. 이때 일본 국가대표로 참여한 조선 선수들에게 "일본을 왜 도와주느냐"고 항의하는 사람들도 있었지만, 이성구 선수는 "외국에 조선인들의 우수성을 알려야 한다"고 했다. 광복 이후 이성구는 1948년 런던올림픽 농구대표팀 감독을 맡는 등 한국 농구의 발전을 위해 많은 역할을 했다.

볼링

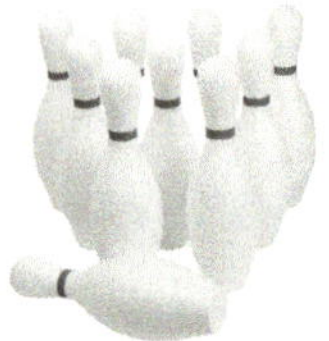

볼링은 무거운 공을 굴려 마루 끝에 세워진 10개의 핀을 쓰러 뜨리는 실내 스포츠로, 경기 규칙이 간단해 남녀노소 쉽게 즐길 수 있다. 특히 요즘은 펍이나 카페 등에서 볼링장을 같이 운영하는 경우가 많아 젊은 층에서 볼링을 즐기는 이들이 늘고 있다.

볼링과 유사한 형태의 운동은 아주 오래전부터 있었던 것으로 보인다. 영국의 한 고고학자가 기원전 5천 년쯤의 고대 이집트 유적에서 볼링 용구와 비슷한 공과 핀, 볼링과 비슷한 공놀이를 묘사한 벽화 등을 발견했다. 공의 무게가 가볍지 않아 공 던지기 놀이가 아닌 공을 굴리는, 오늘날의 볼링과 유사한 놀이였을 것으로 추정된다.

현대 볼링의 직접적인 기원은 중세 유럽의 독일에서 나타났다. 이때의 볼링은 스포츠라기보다는 종교적 의식에 더 가까웠다. 독일의 성직자들은 둥근 물체를 굴려 곤봉을 넘어뜨리는 의식을 행했다. 곤봉은 악마를 상징하는 것으로, 이를 쓰러뜨리면 깊은 신앙심으로 악마를 무찌른 사람으로 인정받았다고 한다. 그러다 시간이 지나면서 종교적 의미는 희석되고 흥미 위주의 오락이 되자 수도원 내에서 볼링이 금지되었다. 하지만 볼링은 프랑스나 영국, 네덜란드 등 유럽 각지로 퍼져나갔다. 16세기 종교개혁을 이끈 마르틴 루터도 볼링을 무척 즐겼으며, 그는 일정하지 않았던 볼링 핀의 숫자를 9개로 고정하는 규칙도 고안했다.

이후 볼링은 미국으로 전해졌다. 미국에서도 볼링은 빠르게 인기를 끌었지만 이내 금지되었다. 볼링의 승패와 쓰러지는 핀의 개수 등을 맞히는 도박이 성행했기 때문이다. 도박 자체가 주는 해악도 문제였지만, 미국이라는 나라 자체가 박해를 피해 이주해온 청교도들이 세운 나라였기 때문이다. 청렴과 검소함을 강조하는 청교도인들에게 볼링 도박은 용납할 수 없는 일이었다. 이 때문에 9핀 볼링은 금지되었지만, 도박과 별개로 볼링을 즐기고 싶었던 이들이 핀을 하나 더 추가한 10핀 볼링을 고안했다. 스포츠로서의 볼링은 1895년 미국볼링협회가 설립되면서 각종 규칙이 체계를 갖추어졌고, 이후 세계 곳곳으로 보급되었다.

우리나라에 볼링이 들어온 것은 한국 전쟁 이후 미군을 통해서였다. 하지만 1969년 대한볼링협회가 만들어지기 전까지는 그렇게 활발하지 않았다. 협회 설립 이후 볼링 인구가 늘고 각종 세계 대회에서 볼링 선수들이 우수한 성적을 내면서 우리나라에서도 볼링이 대중적인 스포츠로 자리 잡았다.

골프

서양과 동양 모두 오래전부터 골프와 비슷한 형태의 놀이가 존재했다. 고대 로마 때의 공놀이 파가니카는 새털 등을 뭉쳐 만든 공을 끝이 둥근 막대기로 치는 게임이었다. 동양에서는 중국 당나라 때 추환이라는 경기가 있었다. 이는 골프와 유사한 형태였을 것으로 추측된다. 중국 원나라 때 그려진 추환도 벽화에는 추환 경기를 하는 사람들이 묘사되어 있는데, 구멍이 파여 있는 땅바닥 인근에서 끝이 넓적한 나무 막대기로 공을 치는 모습이 그려져 있다. 우리나라에서는 조선 시대 세종이 보행 격구를 즐겼다는 기록이 있다. 이는 막대기로 공을 쳐서 구멍에 넣는 형태의 놀이였던 것으로 추측된다.

하지만 이 놀이들은 골프의 기원으로 인정받고 있지는 않다. 규칙이 무엇인지 정확히 알기 어렵기 때문이다. 골프는 일반적으로 15세기 스코틀랜드에서 시작되었다고 여겨진다. 당시 스코틀랜드는 네덜란드와 양모 무역이 활발하게 이루어졌으며, 이때 네덜란드에서 유행하던 공놀이가 스코틀랜드로 넘어가서 골프가 되었다는 설이 유력하다. 네덜란드에는 얼음 위에서 막대기로 공을 치는, 아이스하키와 비슷한 스포츠가 있었으며, 경기 이름도 '콜프', '코르' 등으로 불렸다.

그렇다면 빙상 경기였던 골프가 어떻게 잔디밭에서 하는 스포츠로 바뀌었을까? 스코틀랜드에는 넓은 초원지대가 많았고, 이들 지역은 주로 양을 방목하는 목양지로 활용되었다. 이때 양치기들이 시간을 보내기 위해 네덜란드에서 넘어온 공놀이를 초원에서 하는 스포츠로 발전시켰다. 이곳에는 토끼 굴의 입구인 구멍이 많았기 때문에 자연스럽게 공을 굴에 집어넣는 형태로 발전한 것이다. 당시 골프가 너무 유행한 나머지 국왕 제임스 2세는 "신앙생활과 일상생활에 방해 된다"며 골프 금지령을 내리기도 했다.

1744년 스코틀랜드의 리스 젠틀맨 골프 클럽에서 13개 항목의 골프 규칙을 만들었고, 이는 현대의 골프 규칙과 큰 차이가 없다. 세계 최초의 메이저 대회인 브리티시 오픈 대회도 1860년 스코틀랜드 글래스고 인근에서 열렸다. 당시 사람들은 자연 속에서 골프를 치는 것을 가치 있게 여겨 초원에서 경기했다.

테니스

테니스의 발상지는 중세 프랑스로 알려져 있다. 프랑스의 귀족 가문에서는 죄드폼이라는 공놀이를 했는데, 이를 테니스의 기원으로 보고 있다. 죄드폼은 직역하면 손바닥 놀이라는 뜻이다. 공을 손바닥으로 쳐서 상대편에게 보내는 놀이였다. 죄드폼에 사용하는 공은 헝겊 안에 머리카락이나 동물의 털을 뭉쳐서 넣은 형태였다. 이 공을 손바닥으로 치다 보니 손이 아파 13세기부터 죄드폼을 할 때는 장갑을 꼈다. 장갑을 껴도 손이 아파 16세기 초에는 공을 치는 라켓을 개발했다. 이때부터 현대 테니스와 비슷한 형태의 스포츠가 되었다고 한다.

죄드폼은 프랑스에서 남녀노소를 불문하고 엄청난 인기를 끌었다. 1397년에는 파리 시장이 일요일을 제외하고는 죄드폼 경기를 여는 것을 금지했다. 사람들이 일터나 가정에서 할 일을 내팽개치고 죄드폼을 할 만큼 인기가 높았기 때문이다. 하지만 죄드폼의 인기는 사그라지지 않았고, 16세기 들어서는 왕실에서도 죄드폼 경기를 할 정도였다. 기록에 따르면 파리에만 죄드폼 경기장이 250여 개가 있었다. 후일 루이 14세는 베르사유 궁전에 있던 죄드폼 경기장을 없애고 대신 궁전 인근에 새로운 경기장을 지었으며, 나중에 프랑스혁명을 촉발하는 '테니스 코트의 맹세'가 이루어진 곳이 바로 이 죄드폼 경기장이었다.

죄드폼은 상류 귀족층에서 시작한 경기이기 때문에 경기 중에 지켜야 할 품위가 존재했다. 공을 칠 때는 '받으시오'라는 의미의 "tenez"를 외쳐야 했다. 이 단어가 테니스라는 이름의 어원이 되었다.

테니스의 발상지는 프랑스이지만, 죄드폼을 현대의 테니스로 발전시킨 나라는 영국이다. 영국에 테니스가 전파된 것은 백년 전쟁(1337~1453) 시기다. 백년 전쟁 당시 영국군이 승리한 아쟁쿠르 전투(1415)에서 오를레앙 공작 샤를 1세가 영국군에 포로로 잡힌다. 공작은 포로로 지내는 동안 죄드폼 경기를 하면서 시간을 보냈고, 이때 죄드폼이 영국으로 전해진 것으로 알려졌다. 이후 1873년에 영국군 소령 월터 윙필드가 죄드폼을 개량해 스페어리스틱이라는 경기를 개발한다. 이때 정해진 규칙들이 현대 테니스 규칙의 기본 틀을 이루었다. 이 경기가 영국 중산층에서 인기를 끌면서 1877년에는 윔블던 경기장에서 첫 윔블던 테니스 대회가 열렸다.

테니스를 우리나라에 전파한 국가는 영국이다. 대한테니스협회는 거문도를 최초의 테니스 전래지로 인정하고 관련 행사도 열고 있다. 1884년 조선과 러시아 사이에 통상 조약이 체결되자, 한창 러시아와 대립하던 영국은 러시아를 견제하려 거문도를 불법으로 점령한다. 이 거문도 사건(1885~1887) 당시 거문도에 주둔하고 있던 영국인들이 테니스를 전파했고, 2019년에는 대한테니스협회에서 테니스 최초 전래지를 기념하는 현판을 세우기도 했다. 다만 미국 전래설을 주장하기도 한다. 미국인 선교사와 제중원에 의해 테니스가 전래했고, 서울시 정동의 미국대사관 자리에 코트를 만들어 경기한 것이 시초라고 주장한다. 그러나 대한테니스협회가 테니스 전래지로 인정하는 곳은 영국인들이 도착했던 거문도다.

당구

2024년 4월, 울산광역시에서 열린 전국생활체육대축전에 전국 17개 시도에서 2만2천여 명의 선수단이 참가해 기량을 겨루었다. 특히 이 대회의 최고령 참가자는 당구 종목에 출전한 93세 김상호 선수였다.

당구의 원형은 기원전 400년쯤 고대 그리스에서 비롯되었다. 이때는 지금처럼 실내에 당구대를 두고 공을 치는 스포츠가 아니라, 야외에서 나무로 된 봉으로 공을 맞히는 운동이었다. 이 야외 스포츠가 실내에서 하는 당구로 바뀐 데는 두 가지 설이 있다. 영국에서 시작되었다는 설과 프랑스에서 시작되었다는 설이다. 프랑스 왕 루이 11세(재위 1461~1483)는 실내 당구대를 가지고 있었고, 스코틀랜드 여왕 메리 1세(재위 1542~1567)도 개인 당구대를 가지고 있었다.

이런 기록에 따르면 당구는 영국과 프랑스 왕족과 귀족들이 야외 잔디밭 위에서 공을 굴리고 치던 운동을 실내에서 하기 위해 고안한 운동이라고 볼 수 있다. 다만 당시의 당구대 모양은 오늘날처럼 직사각형뿐 아니라 정사각형, 타원형 등 다양했다.

당구는 19세기를 거치면서 발전을 거듭했는데, 이 역시 영국과 프랑스의 역할이 컸다. 영국에서 당구 선수 잭 카에 의해 큐(당구봉)의 끝에 초크를 칠해 공이 더 잘 회전하도록 하는 방식이 처음 고안되었다. 프랑스에서는 큐의 끝부분에 가죽을 붙이는 방법이 개발되었다. 1928년 벨기에에서 세계당구연맹이 창설되었는데, 벨기에는 1940년대에 당구를 국기로 지정하기도 했다.

당구는 주로 포켓볼 당구와 캐롬 당구로 나뉜다. 당구대 구석과 측면에 구멍을 뚫어 공을 구멍 안으로 밀어 넣는 방식인 포켓볼과, 포켓이 뚫려 있지 않은 당구대에서 한 개의 공으로 여러 개의 공을 맞히는 방식인 캐롬 당구가 있다. 미국에서는 19세기까지 주로 포켓볼 위주의 당구가 유행했지만, 1860년대부터 프랑스에서 캐롬 당구 방식이 전해져 인기를 끌었다. 이후 미국에서 당구가 인기를 끌면서 당구대나 당구공, 당구 경기 기술 등이 급속도로 발전했다.

우리나라에 당구가 보급된 시기는 분명하지 않지만, 1898년 미국공사관 서기관이었던 윌리엄 프랭클린 샌즈의 회고록에는 동료와 당구를 즐겼다는 내용이 적혀 있다. 이를 통해 늦어도 1890년대에는 우리나라에 당구가 유입된 것을 알 수 있다.

당시 당구는 옥돌이라고 불렸다. 1912년 《매일신보》 기사에 따르면 순종(재위 1907~1910)은 창덕궁에 옥돌실을 마련해 옥돌대 2대를 설치했으며, 월요일과 목요일을 옥돌 운동하는 날로 정해 당구를 쳤다고 한다. 하지만 정해진 날짜 이외에도 당구를 빈번하게 치곤 했다. 고종(재위 1863~1907)이 거주하던 덕수궁에도 당구대가 설치되어 있었다. 기록에 따르면 고종은 밤늦게까지 침실에 들지 않고 당구장에서 공을 치기도 했다.

피구

충남 공주시 한 초등학교는 '토요 스포츠데이'를 운영하고 있다. 토요일마다 희망하는 5~6학년 여학생들이 운동하는데, 학생들의 흥미와 관심을 고려해 피구를 운동 종목으로 채택했다. 피구는 규칙이 간단하면서도 다른 구기 종목에 비해 다칠 위험이 크지 않아 학교 체육 시간에도 자주 하는 운동이다.

인류 역사에서 무언가를 던져 상대를 맞히는 놀이는 여러 지역에서 쉽게 볼 수 있었다. 우리나라에는 석전이 있다. 석전은 돌을 던져 상대방을 맞히는 놀이로, 삼국 시대 때부터 행해졌다. 석전은 대보름이나 단오, 추석 등의 명절이나 임금의 생일 등의 국경일에 이루어지거나 군사 훈련용으로도 이루어졌으며, 이후 점을 치는 용도로 바뀌었다. 고대 이집트에도 상대에게 공을 던지는 놀이가 있었다. 고대 지중해 세계에서는 파이닌다, 하르파스툼 등의 격투를 동반한 공놀이가 있었다. 유라시아를 제패한 몽골 제국에서는 패배한 적군의 수급(首級)을 던지면서 공놀이와 비슷한 것을 했다고 한다. 이런 여러 사례는 공 등을 상대에게 던진다는 점에서 피구와 유사하기는 하지만 오늘날 피구와 같은 규칙의 운동은 아니었다.

현대식 피구는 1895년에 미국 매사추세츠주 홀리오크시에 살던 YMCA 체육부장 윌리엄 모건이 창안한 것으로 알려져 있다. 당시 미국에서는 농구가 유행하고 있었다. 모건은 농구가 재미는 있지만 남녀노소 모두가 즐기기는 쉽지 않다고 생각했다. 농구는 진행이 엄청 빠른 만큼 강한 신체 능력을 요구하기 때문이다. 이에 모건은 두 가지 구기 종목을 고안했다. 하나는 코트 가운데 네트를 설치해서 상대방 진영으로 공을 보내는 운동이었고, 다른 하나는 공을 상대방에게 던져 맞히는 운동이었다. 전자는 배구로, 후자는 피구로 발전했다.

초창기 피구는 상대방이 던진 공에 몸이 닿으면 아웃(탈락)되는 스포츠였다. 하지만 이후 피구가 확산되면서 새로운 규칙이 생겨났다. 일본에서는 도쿄사범대학이 상대방 공을 잡아내면 살아남는다는 규칙을 추가했다. 피구는 운동 능력이 뛰어나지 않은 사람이나 어린이도 쉽게 참여할 수 있는 장점이 있어 여러 지역으로 퍼졌다.

피구는 축구나 농구와 달리 세계적으로 공통된 규칙이 없고 국가 또는 지역별로 다른 규칙들을 갖고 있다. 접근성이 쉽다는 장점으로 지역별로 서로 다른 규칙이 생겨난 것이다. 북미와 아시아 지역의 피구 경기를 보면 전혀 다른 모습이다. 북미에서는 공을 한 번에 5~6개나 사용하고, 공에 맞은 사람은 상대방 진영으로 가서 공격하는 것이 아니라 경기장에서 퇴장당한다. 자기가 들고 있는 공으로 상대방 공을 막아내거나, 한 선수가 공 두 개를 들고 던지는 모습도 볼 수 있다. 반면 우리나라를 포함해 아시아 국가들은 일본에서 만든 규칙을 적용해 공 하나로 시합한다.

체조

　올림픽이 열리면 다양한 종목에서 세계 각국의 선수들이 기량을 겨룬다. 지난 2024년 프랑스올림픽에서 우리나라 여자 기계체조 대표팀은 1988 서울올림픽 이후 36년 만에 단체전에 나섰지만 안타깝게도 결선 진출에는 실패했다. 그래도 꿈의 무대라는 올림픽에 참가한 만큼 선수들의 표정은 밝았다.

　체조는 서양과 동양에서 각각 다른 형태로 발전했다. 고대 그리스에서는 폴리스(고대 그리스 세계에 있었던 도시국가)들이 모여 신에게 제사를 지내고 서로 운동 경기 능력을 겨루는 올림피아 제전이 열렸는데, 여기에 참가하는 선수들은 개인과 국가의 명예와 생존을 위해 신체를 단련할 목적으로 체조를 했다고 한다. 하지만 이때 체조는 달리기나 투창 던지기 등에 필요한 체력과 근력을 기르는 훈련 과정으로, 지금 우리가 생각하는 체조와는 다른 것으로 보인다. 체조는 영어로 gymnastics(짐내스틱스)으로, 이는 나체라는 뜻을 지닌 그리스어 gymnos(김노스)에서 비롯했다. 올림피아 제전의 경기는 알몸으로 진행되었기 때문이다. 이 이름은 독일어에서 체육관과 학교를 의미하는 김나지움(Gymnasium) 등으로 계승된다.

동양은 의료 목적의 체조가 이루어진 것으로 알려져 있다. 문헌에는 중국에서 기원전 4세기쯤부터 건강 증진을 위한 호흡법 체조를 했다고 한다. 우리나라에서는 신라시대에 화랑들이 심신을 단련하기 위해 무예와 가무를 혼합한 형태의 체조를 한 것으로 여겨진다. 조선 시대 유학자 퇴계 이황은 명나라 주권이 저술한 《구선활인심법》 중 심신 수양과 관련 깊은 내용을 필사한 책 《활인심방》을 남겼는데, 이 책에 나오는 도인법에 오늘날 체조 동작과 유사한 자세들이 소개되어 있다.

현대와 같은 체조가 이루어진 것은 18세기 전후로 보인다. 독일에서는 교육학자이자 체육학자 요한 구츠무츠에 의해 근대 체조가 시작되었다. 이후 독일 체조의 아버지라고 불리는 프리드리히 얀이 근대 체조를 철봉, 평행봉 등을 이용한 기계체조 형태로 발전시켰다. 프리드리히 얀은 프랑스 나폴레옹의 정복 전쟁에서 패배한 독일 청년들의 심신 단련을 위해 철봉과 평행봉 등을 이용한 체조를 고안했다. 또한 독일 외에도 덴마크, 스웨덴 등에서 근대 체조가 발전했다. 국제체조연맹은 1881년 설립되었고, 1896년 제1회 근대 올림픽에서부터 체조가 정식 종목으로 채택되었다.

우리나라에 근대 체조가 들어온 것은 고종 때로 여겨진다. 1895년 고종이 반포한 교육입국조서에 지·덕·체 교육이 강조되어 체조가 교육 과정에 도입되었다. 이후 1908년에는 우리나라 최초의 체조 단체인 무도기계체조부가 설립되었으며, 일제 강점기인 1911년에 기계체조가 학교의 정식 교과목으로도 채택되었고, 광복 이후인 1959년 국제체조연맹에 정식으로 가입하면서 우리나라 체조 대표팀이 올림픽 등 국제 경기 대회에 참가할 수 있었다.

스키

얇고 긴 판 두 개를 양발에 고정하고, 이 판을 발로 밀며 눈 덮인 비탈길을 내려가는 스키는 동계 올림픽의 인기 종목이다. 많은 사람이 겨울에 추억을 쌓는 생활 스포츠로 즐긴다. 전방 사단 수색대나 특전사 등 특수한 임무를 맡은 군부대에서는 겨울철에 스키를 이용한 산악 지형 극복 훈련을 받기도 한다.

초기 스키는 눈과 얼음이 덮인 추운 지역에서 사냥과 전쟁에 원활하게 나서기 위한 교통수단이었다. 스키와 관련된 초기 유적과 유물은 추운 환경인 북유럽 지역에서 주로 발견된다. 기원전 2천 년쯤 그린 것으로 추정되는 노르웨이 벽화나, 4,500년 전보다 더 오래된 것으로 보이는 스웨덴의 스키 유물, 러시아 백해 인근에서 발견된 벽화 등을 통해 보면 스키는 고대 북유럽 지역에서 사냥 수단으로 널리 썼음을 알 수 있다. 고대부터 전승된 북유럽 신화에는 스키의 신 울르와 스키의 여신 스카디도 등장한다. 또한 노르웨이 왕실에 대한 여러 기록 중에는 왕이 전쟁이나 수송 등에서 스키를 사용했다는 기록이 남아 있다.

근대 사회로 접어들며 스키는 점점 체계화된 스포츠로 자리 잡는다. 노르웨이군은 1721년 스키 공장을 설립하고 1742년에는 스키 부대도 편성한다. 이때 스키를 발에 단단히 고정할 수 있는 가죽끈이 고안되었다. 이를 통해 스키를 타고도 자연스럽게 움직이기가 편해졌고, 스키는 남녀노소 즐기는 스포츠로 변모한다. 나아가 노르웨이 왕실이 직접 스키 경기의 승자를 표창하면서 스키 스포츠는 더욱 인기를 끌었다.

스키가 근대 스포츠로 성장하는 데 오스트리아-헝가리 제국의 마티아스 즈다르스키와 하네스 슈나이더의 영향이 매우 컸다. 즈다르스키는 노르웨이의 탐험가 프리드쇼프 난센이 스키를 타고 그린란드 횡단에 성공하자 스키의 가능성과 잠재력을 느꼈다. 그는 다양한 스키 기술을 독자적으로 개발했고, 제1차 세계 대전에서는 군인들에게 스키 기술을 가르치는 교관을 맡았다. 슈나이더는 스키 활강과 관련한 다양한 이론을 만들었다. 스키에 발의 앞과 뒤꿈치를 모두 고정하고 슬로프를 내려오는 알파인 스키 경기의 이름도 그가 살던 알프스 지역명에서 따왔다. 이후 동계 올림픽에 점프, 활강, 회전 등 다양한 스키 경기도 도입되면서 스키 스포츠가 발전해나갔다.

우리나라에 스키가 전파된 것은 개항기 말인 1903년으로, 개항지 원산에서 핀란드인 2명이 스키를 탄 것이 처음이다. 이후 일

제 강점기인 1930년에는 원산에서 제1회 전조선스키선수권대회
가 열렸으며, 1934년에는 조선스키협회, 광복 후인 1946년에는
대한스키협회가 창립되며 한국 스키가 태동한다.

스케이트

　선사 시대 가장 오래된 것으로 알려진 스케이트는 약 5천 년 전 핀란드 지역에서 만들어졌다. 동물의 뼈나 돌을 길게 갈아 가죽끈을 연결한 뒤 신발에 묶는 식이었다. 혹한기 사냥할 때 에너지를 절약하기 위해 스케이트를 신고 이동하거나 물건을 운반할 때 사용했다. 금속 날을 사용한 최초의 스케이트 역시 서기 200년쯤 스칸디나비아반도 지역에서 개발되었는데, 가죽 신발 밑부분에 얇은 구리를 접어 부착한 형태였다.

　하지만 중세 시대까지도 서민들은 대체로 동물의 뼈를 이용해 스케이트를 만들었다. 금속을 구하거나 가공하는 것이 어려웠기 때문이다. 영국의 수도사 윌리엄 피츠스티픈은 12세기 런던의 풍속을 "겨울에 강이나 호수가 얼어붙으면 많은 이들이 얼음 위에서 뛰노는데, 어떤 사람들은 뼈를 발에 묶는다. 이것을 착용하면 새가 하늘을 나는 것처럼, 석궁에서 발사된 화살처럼 빠르게 미끄러질 수 있다"고 묘사했다. 런던박물관에도 중세에 사용했던 뼈 스케이트가 전시되어 있다. 그러다 18세기 영국에서 금속 날이 달린 스케이트가 본격적으로 유행하기 시작하는데, 산업혁명으로 철강 산업이 발달했기 때문이다. 1742년 세계 최초의 스케이팅 협회가 만들어진 곳도 영국 런던이었다. 이후 스케이팅이 스포츠로 여겨지기 시작했고, 1890년에는 국제 스케이팅 대회가 러시아 상트페테르부르크에서 열렸다. 그리고 1908년에 런던에서 열린 제4회 올림픽 대회에서는 스피드 스케이팅이 정식 종목으로 채택되었다.

우리나라에는 과거부터 '설마'라는 전통식 스케이트가 있었다. 스키와 스케이트를 섞어 놓은 듯한 모양으로, 조선 말기의 화가 김준근이 조선의 풍속을 그린 풍속화첩 《기산풍속도첩》에는 짧은 스키 형태의 신발을 신고 막대기 하나를 지지대 삼아 얼음이나 눈 덮인 산골에서 설마를 타는 사람들의 모습이 묘사되어 있다. 이 설마의 형태는 현대에도 고로쇠 스키라는 이름으로 계승되어 내려온다. 설마를 만드는 재료가 수액으로 유명한 고로쇠나무이기 때문이다. 1993년도 뉴스에는 이 고로쇠 스키를 타고 혹한기 훈련을 받는 특전사 장병들의 모습이 방송되기도 했으며, 현재에도 혹한기 기동훈련의 일환으로 실시한다.

우리나라에 처음 서구식 스케이트가 소개된 것은 1894년이다. 고종과 명성황후가 당시 조선을 방문한 외국인 선교사들에게 스케이팅 시범을 보여달라고 한 것이다. 우리나라 사람이 최초로 스케이트를 구매한 것은 1905년으로, 당시 미국인 선교사 질레트가 귀국 준비를 하면서 자신이 신던 스케이트를 경매에 넘겼다. 이를 황성기독청년회(YMCA) 회원이던 현동순 씨가 15전에 사서 질레트에게 어떻게 사용하는 물건인지 물었다고 한다.

바둑

바둑을 처음 두기 시작한 곳은 중국이지만, 바둑의 규칙을 최초로 만든 사람이 누구인지는 확실하지 않다. 중국의 요임금이 바둑을 발명해 아들 단주를 가르쳤다는 기록과, 순임금이 아들 상균에게 바둑을 가르쳤다는 기록이 남아 있기는 하지만 요임금과 순임금은 전설 속의 인물이기 때문에 이 기록을 그대로 믿을 수는 없다.

이에 실체가 입증된 중국 최초의 왕조인 상나라(기원전 17~11세기)에서 처음 바둑을 두기 시작했으리라는 추측이 나온다. 상나라의 왕들은 점을 치고 나서 이 기록을 거북이 배딱지나 소 어깨뼈 등에 남겼는데, 이 기록을 갑골문이라고 한다. 그런데 갑골문에 바둑 기(棋)자가 새겨져 있었다. 이 글자가 의미하는 것이 현재의 바둑인지는 확실하지 않다. 춘추전국시대의 기록을 보면 이때 바둑이 널리 퍼져 있었다는 사실을 확인할 수 있다. "바둑을 두는 것이 아무것도 하지 않는 것보다는 낫다"는《논어》의 기록이 남아 있고,《맹자》에는 바둑에 몰두해서 부모 봉양을 소홀히 하는 사람들을 비판하는 내용이 있다.

서로 바둑을 두는 것을 대국이라고 하는데, 이 대국 내용을 기록한 것이 기보다. 현재 세계에서 가장 오래된 기보는 중국 후한 말의 군벌 손책(오나라를 건국한 손권의 형)과 그의 부하 여범이 둔 대국을 기록한 것이라고 하는데, 이 기보는 거짓일 가능성이 크다. 이 기보가 기록된《망우청락집》에 실린 기보 중에는 신선들이 두었다고 전해지는 기보가 실려 있기도 하고, 무엇보다 후한 시기에 출토되는 바둑판들은 가로와 세로 각각 17줄로 이루어져 있는데, 여기에 실린 손책의 기보는 현대의 바둑판처럼 가로와 세로 각각 19줄로 기록된 기보이기 때문이다. 19×19줄의 바둑판은 중국 당나라 때 등장한 것으로 본다.

바둑은 5세기 우리나라에 전해진 것으로 추측된다.《삼국사기》기록에 "백제 개로왕이 바둑을 좋아했다"고 나오기도 하고, 이 무렵 만들어진 것으로 여겨지는 신라시대 고분인 경주 황남대총에서 바둑알이 담긴 통이 출토되었기 때문이다. 이후 우리나라에서 바둑은 특이한 형태로 발전하는데, 바로 '순장바둑'이라는 규칙이다. 비어 있는 바둑판에 바둑돌을 첫수부터 올리는 것이 아니라 바둑판에 미리 흑백의 바둑돌이 몇 점씩 세팅되어 있는 상태에서 두는 바둑으로, 현재는 거의 이루어지지 않는다. 해방 이후 한국 바둑이 고립되는 것을 막기 위해 한국기원에서

순장바둑 룰을 없애고 세계적으로 인정받고 있던 일본 바둑의 룰을 채택했다.

중국에서 시작된 바둑은 우리나라를 거쳐 일본으로 전파된 것으로 보인다. 일본의 절 도다이지의 수납 대장에는 이곳에서 출토된 바둑판 중 하나가 "백제 의자왕이 일본의 대신인 나카토미노 가마타리에게 보낸 것"이라고 기록되어 있다. 이 바둑판에 쓰이는 바둑돌은 특이하게도 흑백의 바둑돌이 아니라 빨간색과 짙은 파란색을 사용했다.

바둑의 규칙이 정립되고 발전된 곳은 일본이다. 특히 에도 막부 시기에는 사무라이들에게 바둑을 가르치는 관청도 있었고, '바둑 가문'도 등장했다. 가장 유명한 가문은 혼인보다. 원래 이 가문의 당주는 세습으로 이어졌는데, 1936년부터는 일본 기원이 주최하는 혼인보전에서 5회 연속으로 우승하거나 총 10회 우승했을 때만 혼인보 이름을 계승할 수 있었다. 이 혼인보의 이름을 한국인이 계승하기도 했다. 조치훈 9단이 1989년부터 1998년까지 혼인보전을 10회 연속 우승하면서 혼인보의 이름을 쓸 수 있게 되었다. 그래서 조치훈 9단은 일본에서 현재도 '제25세 혼인보 치쿤'으로 불리고 있다.

체스

2023년, 이란의 여성 체스 선수 사라 카뎀이 스페인 시민권을 받았다. 카뎀은 국제 체스 대회에 히잡을 쓰지 않고 출전했는데, 이 때문에 정부의 보복을 받을까 두려워 귀국하지 않았고, 스페인 정부는 카뎀의 사정을 고려해 시민권을 부여했다.

흑과 백 양 진영이 64칸짜리 체스 보드 위에서 규칙에 따라 움직이며 승패를 겨루는 보드게임 체스의 기원에 대해서는 여러 설이 있지만, 공식적으로 인정받은 것은 인도 기원설이다. 고대 인도의 차투랑가라는 게임을 체스의 기원으로 본다. 차투랑가는 체스와 비슷하게 두 팀으로 나눠 기물(체스에서 킹, 퀸, 룩, 나이트, 비숍, 폰 따위를 통틀어 이르는 말)을 움직이는 게임이다.

이 게임은 2명이 정사각형의 보드를 가지고 하는 현대의 체스와는 달리, 각각 2명이 한 팀을 이뤄 십자형의 보드 위에서 벌이는 4인용 보드게임이었다. 당시 기물은 국왕과 재상, 코끼리병,

기마병, 전차병, 보병으로 구성되어 이름은 조금 다르지만 현대 체스와 비슷하다. 기물을 움직이는 행마법 역시 대부분 현대 체스와 비슷한데, 코끼리병은 비숍과 달리 대각선으로 두 칸만 움직일 수 있었다. 또한 기물을 움직이기 전에 주사위를 던져 주사위의 눈금에 따라서만 기물을 움직일 수 있었다.

차투랑가는 이후 6세기 말에서 7세기 초 중동 지역으로 전파되었다. 중동 지역에서도 차투랑가는 큰 인기를 끌었지만 이내 위기가 찾아온다. 이슬람 율법에 의해 도박, 주사위 놀이 등이 금지되었기 때문이다. 이에 중동에서는 차투랑가를 변형해 새로운 놀이인 '샤트란지'를 개발했고 이것이 나중에 유럽에 전해진다. 샤트란지에서는 왕을 제외한 상대쪽 기물을 다 잡거나 상대 쪽 왕을 포위해 잡힐 것이 확실한 상황을 만드는 쪽이 이겼다. 이 상황을 '샤마트'라고 불렀는데, 이 말이 나중에 현대 체스에서 쓰이는 체크메이트가 되었다고 한다. 차투랑가에서는 상대의 왕을 직접 잡아내는 것이 게임의 목적이었지만, 중동 지역에서는 왕을 직접 죽이는 행위는 불경해서 왕이 죽을 수밖에 없는 상황을 만들고 상대의 항복을 유도하는 방식으로 게임 방식이 변경되었다.

이후 이슬람 문명권이 현재 스페인과 포르투갈이 있는 이베리아반도를 장악하고, 발칸반도의 비잔티움 제국과 교류하면서 샤트란지가 유럽으로 전해져 오늘날 체스로 발전한다. 유럽 상황에 맞춰 체스 기물에도 약간 변화가 나타났는데, 코끼리는 주교

(비숍)로, 재상은 성별을 바꿔 여왕(퀸)으로 바뀐다. 15세기쯤 행마법에도 다시 한번 큰 변화가 생긴다. 비숍은 가로막는 기물이 없다면 대각선 방향으로 무제한 이동할 수 있게 된다. 가장 많은 변화가 일어난 기물은 퀸이다. 여덟 방향을 무제한으로 이동할 수 있게 되면서 체스에서 가장 강력한 기물이 된다. 원래는 '미친 여왕 규칙'이라는 변형 규칙에서만 적용되는 행마법이었지만, 이 규칙을 적용하면 체스를 훨씬 속도감 있게 즐길 수 있어 게임 시간이 늘어져 장기전으로 진행되는 것을 막을 수 있다. 그래서 새로 바뀐 퀸 규칙이 종전 방식을 대체했다.

윷놀이

최근 문화재청에서 윷놀이를 국가 무형 문화재로 지정했다. 윷놀이는 우리나라의 대표적인 민속놀이 중 하나로, 윷을 던져서 나온 결과에 따라 놀이판에 있는 말을 이동하는 놀이다. 그렇다면 우리나라 사람들은 언제부터 윷놀이를 즐겼을까?

윷놀이의 기원에 대한 설은 여러 가지다. 우선 독립운동가이자 사학자 단재 신채호는 윷놀이가 부여의 사출도(부여의 지방 조직)와 연관이 있다고 보았다. 윷을 던졌을 때 나온 결과는 도(돼지), 개(개), 걸(양), 윷(소), 모(말)로 구분된다. 부여의 사출도는 마가, 우가, 저가, 구가로 구성되어 있는데, 각각 말, 소, 돼지, 개에 해당한다. 신채호는 걸에 해당하는 양이 어디에서 기원했는지는 알아내지는 못했지만, 윷놀이가 부여의 전통에서 기원했다고 보았다.

중국과 일본의 기록에 근거해 우리나라에서 윷놀이가 삼국 시대 때 시작되었다는 설도 있는데, 중국의 역사서 《북사》, 《수서》 등에는 "백제에서는 저포희라는 놀이를 한다"고 기록되어 있다. 저포희는 가죽나무와 부들(여러해살이풀의 일종)의 열매를 이용하는 중국의 놀이로, 북송 시대 책인 《태평어람》에 따르면 춘추전국시대 인물인 노자가 서쪽에 가서 고안했다. 놀이 방식이 윷놀이와 유사한데, 이 때문에 《북사》와 《수서》에 등장하는 백제의 놀이가 사실은 윷놀이였다는 해석이 나오기도 한다.

신라에서도 윷놀이를 했다는 추측이 있다. 일본에서 가장 오래된 가집(시와 노래를 모아 엮은 책)인 《만요슈》에는 한쪽 면을 검게 칠한 타원형의 나뭇조각을 던져 노는 방식인 저포와 관련된 기록이 있다. 이 가집은 일본 나라 시대 때 쓰였는데, 패를 읽는 방식의 일부가 윷놀이 패를 읽는 우리나라 발음과 비슷해 신라에서 넘어간 놀이라고 본다. 예를 들면 한 패만 엎어지고 세 패는 누워 있는 패를 '고로'라고 읽는 방식이 윷놀이의 '걸'과 유사하다.

마지막으로 고려 시대 때부터 윷놀이를 했다는 설도 있다. 고려 말의 유학자 이색의 《목은집》에는 윷판의 모습이 등장하는데, 이 모양이 현재의 윷판과 매우 유사하다. 조선 시대의 실학자 성호 이익의 《성호사설》의 기록도 고려 시대설의 근거가 된다.

윷놀이는 새해 초에 농사의 흉년과 풍년을 점치는 고대 풍속에서 비롯했다. 산촌에 사는 젊은이들이 높은 지역 편과 낮은 지역 편으로 나뉘어 윷놀이 대결을 벌였고, 대결에서 이긴 지역의 농사가 더 잘된다는 믿음을 가졌던 것이다. 윷놀이가 아무 때나 하는 놀이가 아니라 설날에서 정월대보름까지 하는 놀이였던 것도 여기에서 비롯했다.

윷놀이와 비슷한 세계의 사례로는 앞서 백제의 윷놀이를 소개할 때 잠깐 등장했던 중국의 저포희가 있다. 중국 명나라 때의 수필집 《오잡조》에서는 저포희의 기원을 중국의 상고시대인 하상주 3대에 이미 존재한 놀이라고 기록하고 있으며, 북송 시대의 책인 《태평어람》에는 춘추전국 시대의 인물인 노자가 서쪽에 가서 만든 놀이라고 기록하고 있다. 이 기록은 저포희가 서역 지역, 다시 말해 오늘날의 중동이나 중앙아시아 지역에서 전래했을 가능성을 함축하는데, 실제로 중동 지역에서는 기원전 3천여 년 전부터 주사위를 이용한 일종의 보드게임이 존재했다. 이 보드게임을 계승한 백개먼이라는 보드게임이 있는데, 이 백개먼과 상당히 규칙이 유사한 전통 놀이 중 쌍륙이라는 놀이가 있다. 쌍륙은 중국 한 무제 때 서역에서 중국으로 전래했고, 우리나라와 일본으로도 전파되었다.

놀이공원

놀이공원의 기원으로 여기는 것은 16세기 유럽의 플레저 가든이다. 레크리에이션 등의 목적으로 사용할 수 있도록 대중에게 공개된 장소를 뜻하는데, 놀이 기구가 하나도 없기는 했지만 넓은 면적의 문화 및 유흥 시설을 대중에게 개방했다는 점에서 놀이공원의 기원으로 여겨진다. 이곳에는 분수와 정원이 있었고 유흥 거리로 볼링, 무대 공연 등을 제공했다고 한다. 가장 대표적인 플레저 가든으로는 영국의 복솔 가든이 있다.

유럽의 정기 시장인 페어 또한 놀이공원 등장에 영향을 준 요소로 평가받는데, 일정한 기간만 열리는 시장이다. 페어가 한번 열리면 사람들이 몰리고 개최 기간도 길어 이곳에 서커스 등 다양한 즐길 거리가 준비되었다. 나중에 시간이 지나 각종 놀이 기구가 개발된 후에는 페어나 축제에 이동식 놀이 기구를 설치하기도 했다. 가장 대표적인 것으로는 1989년에 독일의 유명한 축제인 옥토버페스트에 설치된 롤러코스터인 올림피아 루핑으로, 이 롤러코스터는 가을에는 독일의 옥토버페스트에 설치되었다가 겨울에는 영국의 윈터 원더랜드로 옮겨지는 등 유명한 축제를 따라 이동해서 설치된다.

세계 최초의 놀이공원에 대해서는 여러 의견이 있지만, 대체로 1583년 문을 연 덴마크의 뒤어하우스바켄을 최초로 인정하고 있다. 이곳 역시 문을 열 당시에는 놀이 기구가 설치되어 있지는 않았고, 주로 광대들의 공연과 노점상 위주 공간이었다. 하지만 이때 설치된 공간이 놀이 기구가 설치된 지금까지 이어져 오고 있어 최초로 인정받고 있다. 이곳은 1932년 설치된 목재 롤러코스터를 지금도 운영하고 있다. 다만 겨울에는 운영하지 않는데, 북극에 가까운 지역이라 매우 춥기 때문으로 여겨진다. 이외에도 덴마크의 티볼리, 네덜란드의 에프텔링 등도 최초의 놀이공원 후보로 언급되고 있다.

1955년에 만들어진 미국의 디즈니랜드는 놀이공원이 단순히 놀이 기구가 설치된 공간을 넘어 한 세계관으로 연결된 테마파크가 되는 데 큰 역할을 했다. 디즈니랜드는 20세기 초 미국 중서부 도시를 묘사한 메인 스트리트, 밀림 탐험을 테마로 삼은 어드밴처 랜드를 비롯한 4곳으로 구획을 나눠 각 구획을 그 주제에 맞게 건설했다. 디즈니의 창시자 월트 디즈니 역시 "디즈니랜드는 테마파크"라는 말을 남겼다.

우리나라 최초의 놀이공원은 1976년 개장한 용인자연농원(현

에버랜드)이다. 초창기에는 '자연농원'이라는 이름에 걸맞게 식물원과 동물원 중심 공간이었고 놀이 기구는 많지 않았다. 하지만 점점 놀이 기구가 늘어나면서 1980년대 중반부터는 서울랜드, 롯데월드 어드벤처와 더불어 한국을 대표하는 놀이공원으로 자리 잡았다.

에버랜드의 최저 입장객 기록은 1977년 1월 20일의 2명인데, 이와 관련해 훈훈한 이야기가 전해진다. 당시에는 경기도 전역에 폭설과 함께 영하 14도의 한파가 찾아온 날이었기 때문에 아무도 에버랜드에 찾아오지 않았던 날이었다. 그런데 강원도 속초에서 한 노부부가 자연농원을 구경하겠다는 일념 하나로 기차와 버스를 갈아타며 에버랜드를 방문했다. 이때 폭설로 인해 가동 불가능한 기구를 제외한 모든 기구와 시설을 가동했고, 멀리서 찾아온 노부부는 자연농원을 마음껏 즐기고 돌아갔다.

동물원

동물원에 가면 세계 곳곳에 있는 동물들을 한눈에 볼 수 있다. 동물이 살던 곳의 생태 환경을 최대한 비슷하게 만들어 놓았기 때문에 아이들이 생태 학습을 할 수 있는 곳이기도 하다.

2009년 이집트의 고대 도시 히에라콘폴리스 유적 내에 동물 뼈들이 발견되었다. 기원전 3,500년에 형성된 것으로 추정된 이 유적에서 하마, 코끼리, 개코원숭이, 고양이 등의 뼈가 대규모로 발굴된 것이다. 학자들은 서식지가 다양한 동물들의 뼈가 한데 모인 채 발굴되었다는 점으로 볼 때 이 지역에 동물원이 있었다고 짐작했다. 이로 미루어 동물원은 인류 문명이 시작했을 때부터 있었던 것으로 보인다.

고대 로마 제국에도 동물원이 있었다. 로마 황제들이 동물을 공부하기 위해 세워지기도 했지만, 이곳에 있는 동물 대부분은 콜로세움에서 활용되었다. 콜로세움은 검투사의 전투 경기가 벌어진 원형 경기장으로, 이곳에서는 검투사끼리만 싸운 것이 아니라 검투사와 동물, 그리고 동물끼리 싸움도 했다고 한다. 특히 칼리굴라 황제는 곰과 황소의 싸움을, 네로 황제는 호랑이와 코끼리가 싸우는 모습을 시민들에게 선보였다. 이로 인해 로마 시민들은 점점 정치에 관심을 잃는 대신 국가가 제공하는 식량과 오락에만 관심을 두었다. 영화 〈글래디에이터〉 때문에 글래디에이터라는 명칭이 널리 퍼지면서 글래디에이터라는 단어를 듣고 검투사와 사자의 대결을 상상하는 경우가 많은데, 글래디에이터는 사람과 싸우는 검투사를 일컫는 호칭이었고, 동물과 싸우는 검투사는 '베스티아리'라고 불렸다.

현존하는 동물원 중 세계에서 가장 오래된 동물원은 1752년에 세워진 쇤브룬 궁전 동물원이다. 오스트리아의 수도 빈에 있는 이 궁전은 당시 오스트리아를 통치한 합스부르크 왕가의 여제 마리아 테레지아의 여름 별장으로 지어진 궁전이다. 궁전에 왕실 전용 동물원을 만들었는데, 1765년 일반인에게도 개방했다. 마리아 테레지아의 아들 요제프 2세는 동물원에 들여놓을 동물을 데리고 올 탐험대를 아메리카와 아프리카 대륙으로 보냈는데, 키가 너무 큰 기린은 당시에 데려올 수 없었다고 한다. 1828년에 간신히 기린을 쇤브룬 궁전에 데려왔으며, 이때 기린을 처음 보고 감명받은 사람들 때문에 한동안 빈에는 코트와 가방, 치마 등을 기린 무늬로 만드는 것이 유행했다.

우리나라에는 동물원이 언제부터 생겼을까? 일제 강점기 일

본은 1907년 창경궁에 박물관과 식물원, 동물원을 만들기 시작
했다. 이곳에는 전국에 있는 동물들과 일본에서 들여온 코끼리
와 호랑이, 사자, 낙타, 원숭이 등을 한데 모아놓았다. 모두 70여
종 500여 마리에 달했다고 한다. 순종은 1909년 이 동물원을 온
백성에게 공개하기로 했다. 이 동물원은 서울의 명물로 사랑받
았는데, 1945년 일제가 제2차 세계 대전에서 패색이 짙어지자 동
물 대부분을 죽였고, 남아 있던 동물마저 대부분 한국 전쟁 때
사라져 동물원은 텅 비었다.

1954년 이 동물원은 다시 개장했다. 기업들이 돈을 모아 태국
에서 코끼리를 사 오는 등 동물을 채웠다. 이후 창경궁은 원래대
로 궁궐로 복원하기로 했고 서울대공원을 건설하면서 동물원을
서울대공원으로 옮겼다.

방학

무더운 여름이 어느덧 끝을 향해 가고 있다. 후텁지근한 날씨가 선선해진다는 것은 기쁜 일이지만, 학생들은 마냥 즐겁지만은 않다. 방학이 끝나고 2학기가 시작된다는 뜻이니까. 교육의 역사는 인류의 역사와 궤를 같이하지만, 방학의 역사는 그리 길지 않다. 조선 시대에는 왕실 종친을 교육하는 기관인 종학을 제외하고는 지금처럼 긴 방학이 거의 없었다. 종학에서의 방학은 학업을 계속하다 잠깐 휴식기를 갖는 개념보다 하나의 교육 과정을 이수하고 다음 과정이나 단계로 넘어가기 전 대기하는 기간에 가까웠다. 성균관이나 향교에서 지금처럼 한 달 가까운 시간을 통째로 쉬는 방학은 거의 없었고, 대신 짧은 휴가 같은 방학이 여러 차례 있었다. 흉년이 닥쳤을 때는 향교 교관들이 방학을 주고 지방 수령을 보좌해 향촌을 관리하는 역할을 담당했다.

날씨가 무더운 여름철에는 학습 방식도 평소와 달랐다. 고려 시대 사학에서는 '하과'라고 해서 산속 집 등을 빌려 시회(詩會)나 식사 모임 등을 열었다. 조선 시대 서당에서도 한여름에는 학습 부담이 크지 않고 비교적 재미있게 공부할 수 있는 시 짓기 등을 했다고 전한다.

지금처럼 긴 방학이 제도화한 것은 19세기 미국에서다. 이전까지는 학교나 지역에 따라 수업 과정과 학업 일수가 달랐다고 한다. 교육 당국은 이를 최대한 통일해 지역 간 격차를 줄이고 모두에게 균등한 교육을 제공하려 했다. 이런 시도의 하나로 학군을 묶어 같은 학군 내에서는 등교 일수나 기간, 커리큘럼 등을 조정했다. 당시 여름방학에 대한 아이디어가 등장했는데, 두 가지 이유에서였다. 첫째는 더운 여름에는 열사병이나 각종 질병에 취약해지고, 둘째는 여름 동안 출석률이 매우 떨어진다는 점이었다. 산업화와 함께 여름휴가를 떠나는 가족이 늘어난 영향도 있었다. 이후 여름방학은 전 세계로 확산했다.

방학의 기원이 여름철 더운 날씨를 피하기 위해서였기 때문에 많은 나라가 긴 여름방학과 짧은 겨울방학을 두고 있다. 특히 서구권에서는 겨울방학이 크리스마스 전후 1~2주가량으로 매우 짧다. 우리나라는 이례적으로 겨울방학이 매우 긴 나라다. 이는 매서운 겨울철 날씨와 난방비 문제 때문이다. 일제 강점기에도 추운 날씨 탓에 난방비와 연료가 많이 들어 겨울방학을 늘리고 여름방학을 줄였다. 1970년대에는 석유 파동으로 난방비가 급증하자 여름방학을 단축하고 겨울방학을 늘리는 일도 있었다.

아스팔트

　지금 자동차가 달리는 도로 대부분은 아스팔트로 포장되어 있다. 아스팔트는 석유를 증류했을 때 나오는 부산물로, 이것을 녹여 도로에 깔아 포장하는 것이다. 아스팔트는 최근 발명품처럼 느껴지지만 실제로는 인류 문명이 시작되었을 때부터 있던 물질이다.

　옛날에는 자연적으로 생성된 아스팔트를 썼다. 석유가 지표면에 새어 나와 웅덩이를 이루면 휘발성 물질은 증발하고 고체 물질이 남는데, 이것이 역청이라는 천연 아스팔트다. 역청은 인류 최초 문명인 메소포타미아 문명에서 벽돌을 붙이거나 건물을 짓기 전 지반을 평평하게 하는 일 등에 사용되었다. 이집트 문명에서는 시신을 미라로 만들 때 역청과 송진, 소금, 향료 등을 섞어 방부제를 만들어 썼다고도 전한다.

　〈창세기〉 노아의 방주 이야기에도 배를 방수 처리하는 데 역청을 발랐다는 기록이 나온다. 바벨탑을 공사할 때도 건설 자재로 역청을 사용했다는 내용이 있다. 역사학자들은 대체로 노아의 방주와 바벨탑 이야기를 역사적 사실이라기보다는 유대인들에게 전해 내려오는 설화로 간주하지만, 적어도 〈창세기〉가 쓰이던 시절(대략 기원전 15~13세기로 추정)에 사람들은 역청이 무엇인지 알고 있었고, 그것을 어떻게 쓰는지도 알고 있었다고 할 수 있다. 일반적으로 바이킹이라고 불리는 북유럽의 노르만족도 배를 방수 처리할 때 역청을 사용했다고 전해진다. 16세기 대항해 시대에도 배의 방수 용도로 사용되었다.

아스팔트는 무기에도 사용되었다. 4세기 말부터 천 년 가까이 존속되었던 비잔티움 제국에는 화염 방사기 같은 '그리스의 불'이라는 무기가 있었다. 불을 도자기에 담아 던지거나 화염 방사기처럼 활용하는 무기로, 여기에 물을 끼얹으면 꺼지는 것이 아니라 오히려 불길이 더 거세졌다. 이 무기 제조법은 기록으로 남지는 않았지만, 학자들은 역청을 연료로 사용한 것이 아닐까 추정한다. 중국 송나라 때 맹화유궤라는 무기도 역청을 사용한 것으로 알려져 있다. 맹화유궤는 불이 맹렬히 붙는 기름을 담은 상자라는 뜻이다.

지금처럼 아스팔트를 도로포장에 사용한 것은 자동차가 발명된 18세기 산업혁명 이후다. 산업혁명 이후 자동차가 등장하면서 기존의 바위 포장도로는 자동차로 주행하기에 알맞지 않아 이를 대체할 새로운 도로 포장재가 필요했다. 1712년 스위스 의사 다이리니스가 천연 아스팔트가 바위에 스며든 록 아스팔트를 발견했다. 록 아스팔트가 처음 대량으로 도로포장에 사용된 곳은 1845년 프랑스 파리로, 토목기술자 레온 말로가 록 아스팔트를 잘게 부순 후 가열해서 파리 시내의 도로에 포장용으로 사용했다.

이후 벨기에 출신 화학자 에드워드 드 스메트는 아스팔트에 모래, 자갈 등을 섞어 인위적으로 만든 아스팔트 콘크리트를 개발했다. 이 아스팔트는 1870년 미국 뉴저지 한 도로에 처음 쓰인 이래 지금도 세계적으로 도로포장에 쓰이고 있다.

핼러윈 데이

매년 10월 31일 핼러윈 데이를 앞두고 전국 놀이공원이나 쇼핑몰 등이 행사를 펼친다. 핼러윈은 영미권 국가의 풍습이지만, 이제는 우리나라에서도 즐기는 사람이 많다.

핼러윈은 2천 년 전 아일랜드, 영국 등 지역에 살던 고대 켈트족의 서우인 축제에서 유래한 것으로 알려져 있다. 켈트족은 1년 중 10월을 마지막 달로 삼았는데, 서우인은 한 해의 마지막 날인 10월 31일에 벌인 축제다. 주술사가 신성한 불을 피우면 각 가정에서 1년간 집을 보살펴줄 새 불을 받았다. 켈트인들은 이때 저승문이 열려 사악한 혼령들이 풀려난다고 믿어 혼령이 가족들에게 씌지 않도록 횃불로 쫓았다. 또 죽은 혼령이 자신을 같은 죽은 사람으로 착각하도록 기괴한 분장을 했다.

이후 이 풍습은 기독교 문화와 결합했다. 이 배경에는 황제와 교황의 갈등이 있다. 비잔티움 제국의 황제 레오 3세가 기독교 성인들의 그림이나 동상 등의 상징물들을 우상 숭배로 규정하고 파괴해야 한다고 주장했다. 이것이 세계사 교과서에도 나오는 성상 파괴령(726)이다. 그런데 당시 교황이었던 그레고리오 2세와 후임 교황 그레고리오 3세는 황제의 명령을 정면 반박하고, 황제의 칙명에 따라 성상을 파괴하는 자는 파문에 처하겠다고 팽팽하게 맞섰다. 731년에는 성 베드로 대성당 안에 성인들의 유해를 안치하고, 모든 성인의 축일 날짜를 유해를 안치한 날짜인 11월 1일로 옮기면서 기존 가톨릭교회의 성인 공경 풍습을 없애지 않을 것임을 분명히 했다. 이로부터 8세기 교회에서는 11월 1일을 '모든 성인(聖人)의 축일'로 기념했다. 이 축일 전야제와 켈트족의 서우인 축제가 융합된 것이다. 그러면서 이름도 핼러윈으로 정착되었다.

이때 켈트족이 악령을 쫓았던 횃불은 '잭 오 랜턴'이라는 등불로 바뀌었는데, 아일랜드나 영국에서는 원래 순무로 만들었다고 한다. 십자가 등으로 악마를 괴롭히고 속였던 구두쇠 '잭'이 나중에 죽어 천국과 지옥 어디에도 가지 못하는 떠돌이 영혼이 되었는데, 너무 추운 나머지 순무 속을 파내고 숯불을 넣어 등불 겸 난로로 썼다는 전설이 전해진다.

16세기쯤 영국과 아일랜드 사람들이 아메리카 대륙으로 이주하면서 핼러윈 문화도 같이 전해졌다. 이때 잭 오 랜턴의 재료가 순무에서 아메리카 대륙에서 잘 자라는 호박으로 바뀌었고, 미국이 크게 성장하면서 지금같이 상업성을 띤 축제로 발전했다.

멕시코에도 매년 10월 31일부터 11월 2일까지 죽은 조상들을 기리는 '죽은 자의 날'이라는 명절이 있다. 이 명절도 기존 원주민들의 전통 행사에 스페인이 이 지역을 정복하면서 함께 전해온 기독교 문화와 결합해 정착된 것이다.

우리나라에도 핼러윈 같은 풍습이 있을까? 귀신을 쫓는다는 의미에서는 동짓날 팥죽을 쑤어 먹는 풍습이 비슷하다. 우리는 팥이나 붉은 콩이 악귀를 쫓는다고 믿기 때문이다. 사령제와 씻김굿 등 현생을 떠도는 죽은 영혼이 저승으로 잘 갈 수 있도록 배웅해주는 무속 의례도 있다. 특히 호남 지역의 씻김굿에서는 장자풀이라는 노래가 불리는데, 이 안에 영화로도 제작된 웹툰 〈신과 함께〉에도 소개된 사마장자의 이야기가 담겨 있다. 사마장자가 저승사자를 융숭히 대접해 자신의 수명을 늘렸고, 자기 대신 자신의 백마를 저승으로 데려갔다. 결국 사마장자 대신 지옥에서 고초를 겪은 백마의 혼령이 사마장자를 저주해 사마장자는 지옥에도 극락에도 가지 못하는 신세가 되었고, 백마의 혼이 원한을 씻고 환생하도록 씻김굿을 했다는 것이 이 씻김굿의 유래다. 잭 오 랜턴 설화와 유사점이 있을 뿐만 아니라 영혼의 업이나 원한을 씻겨 저승으로 보낸다는 점에서도 할로윈과 유사한 점이 있다.

무궁화꽃이 피었습니다

　우리나라 제작진이 만든 넷플릭스 드라마 〈오징어 게임〉이 전세계적으로 인기를 끌었다. 〈오징어 게임〉은 456억 원의 상금이 걸린 서바이벌 게임에 참가한 사람들 이야기다. 참가자들은 '무궁화꽃이 피었습니다', '오징어 게임' 등 우리나라에서 과거부터 전해져 온 놀이를 벌이는데, 드라마의 인기 속에 우리나라의 게임에 대한 외국인들의 관심이 커졌다.

　'무궁화꽃이 피었습니다'는 술래가 '무·궁·화·꽃·이·피·었·습·니·다'라는 10음절 문장을 말하는 동안 술래를 향해 다가가다가 술래가 이 문장을 다 말하고 뒤를 돌아보았을 때는 움직이지 않는 놀이다. 일본에 이와 비슷한 '달마가 넘어졌다' 놀이가 있어서 일본에서 유래했다는 의견도 있다. 반대로 일본에서는 '달마가 넘어졌다'에서 '넘어졌다'에 해당하는 일본어 '고론다(轉んだ)'가 한국어 '걸어온다'와 발음이 유사해 한국에서 일본으로 전파되었다는 의견도 있다.

'무궁화꽃이 피었습니다'와 규칙이 같은 놀이는 한국·일본뿐 아니라 미국의 '빨간불·초록불(Red Light, Green Light)', 영국의 '할머니의 발걸음(Grandma's footstep)' 등 전 세계 곳곳에서 발견된다. 이 때문에 그 시작점이 어디인지 알기는 매우 어렵다.

〈오징어 게임〉에는 종이를 접어 만든 딱지를 땅에 놓고 다른 딱지로 쳐서 뒤집는 '딱지치기' 놀이도 등장한다. 딱지치기는 조선 시대 때 시작되었다는 설도 있고, 일제 강점기 때 일본에서 전해졌다는 설도 있는데 정확한 유래를 찾기는 어렵다. 하지만 종이가 귀했던 시절에는 하기 어려워, 대체로 한국 전쟁 이후 두꺼운 종이가 보급되면서 아이들의 대표 놀이가 된 것으로 알려져 있다. 우리나라에는 본래 사다리꼴 모양의 조선 딱지가 있었는데 일제강점기를 거치며 정사각형 모양의 방석 딱지가 주로 쓰인 것으로 알려져 있다. 스페인 카탈루냐 등 서양에도 딱지치기 비슷한 놀이가 있다. 종이에 그림이나 숫자, 모양 등이 그려진 것도 '딱지'라고 부른다. 미국에서 1930년대 병뚜껑이나 종이에 인쇄된 그림이나 숫자 등을 서로 보여주며 노는 놀이가 크게 유행했는데, 이것이 한국 전쟁 이후 한국에도 점점 퍼졌다.

이 놀이들이 우리나라만의 것이 아니라서 실망했는가? 중요한 것은 원조가 누구냐가 아니라 누가 잘 계승하고 발전시켜 현대에도 파급력 있게 재생산하느냐일 것이다. 전 세계 사람들이 우리나라 드라마를 통해 이 게임에 흥미를 갖는 것처럼.

삶

깨끗하게

비누
샴푸
향수
선크림
레깅스
내복
침대
우산
장화
손난로
혈액형

보건소
마스크
이쑤시개
알약
안경
호텔 아파트

비누

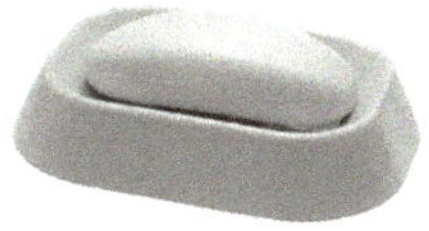

　인류 최초의 비누는 기원전 2,800년쯤 고대 바빌로니아 왕국에서 만들어졌다. 바빌로니아 왕국이 있었던 메소포타미아 지역에서는 물에 재와 기름 성분을 섞으면 만들어지는 덩어리로 옷감을 씻어냈다. 이때 비누는 사람의 몸을 씻는 용으로 쓰이지 않았다.

　비누를 영어로 soap이라고 하는데, 이 단어는 고대 로마에서 비롯되었다는 이야기가 있다. 고대 로마에서는 신에게 제사 지낼 때 동물을 불태워 바치는 풍습이 있었다. 그런데 제사가 끝나고 걸레를 빨던 사람들이 시커먼 재가 묻어 있는 걸레일수록 때가 더 잘 빠지는 것을 발견했다. 재는 염기성 물질로, 빨래 때의 주성분인 단백질을 분해하는 효과가 있던 것이다. 로마인들이 동물을 잡아 제사를 지내던 곳이 사포 언덕으로, 언덕의 이름이 비누의 어원이 되었다. 이후 유럽에서 재를 이용해 비누를 만드는 산업이 발전했다.

식물이나 동물을 태우지 않고도 염기성 물질을 인공적으로 생산할 수 있다면 재 없이도 비누를 만들 수 있다. 18세기 프랑스 화학자 니콜라 르블랑이 이 방법을 개발했다. 당시 프랑스 정부는 자국의 섬유 산업을 위해 옷 세탁에 필요한 비누를 대량으로 만들려고 했다. 문제는 비누 원료였다. 당시 프랑스는 미국 독립 혁명(1775~1784)을 지원했기 때문에 영국으로부터 경제 제재를 받아 재의 원료를 수입하는 것을 제지당해 비누의 원료가 부족했다. 그래서 소금에서 염기성 성분을 추출하는 방법을 개발하는 사람에게 상을 내리겠다고 공포했다. 르블랑은 소금에 황산을 섞으면 황산나트륨과 염산이 된다는 것을 발견했다. 여기에서 얻은 황산나트륨에 석회석을 넣고 목탄으로 가열하면 화학 반응을 통해 황화칼슘, 탄산나트륨, 이산화탄소가 만들어진다는 것을 알게 되었다. 탄산나트륨이 바로 오늘날의 세탁 소다다.

르블랑은 상을 받았을까? 그때 하필 프랑스혁명이 진행 중이라 상은 받지 못했다고 한다. 하지만 르블랑이 발견한 탄산나트륨 제조 공정은 비용도 저렴하면서 간편해 비누의 대량 생산이 시작되었다. 이후 1811년에 프랑스 화학자 미셸 외젠 슈브뢸이 비누의 화학적 구조를 밝혀냈다.

유럽산 비누는 《하멜 표류기》로 유명한 네덜란드인 헨드릭 하멜을 통해 우리나라에 처음 전해졌다. 비누가 본격적으로 우리나라에서 쓰이기 시작한 것은 개항 이후다. 당시 비누는 쌀 한

말보다 비싼 고급품이어서 아무나 사용할 수 없었다. 그래서 비누 냄새가 난다는 것은 곧 부유층이라는 의미였다. 당시에는 비누 냄새를 '멋쟁이 냄새'라고 부르기도 했다. 자신이 멋쟁이임을 강조하기 위해 맨얼굴에 비누를 발라 냄새가 나게 하려는 사람들도 있었다고 한다.

샴푸

법 개정으로 이제 객실 50개 이상 호텔 등 숙박업소에서 칫솔이나 치약, 샴푸, 린스, 면도기 등을 무료로 제공할 수 없다. 환경 보호를 위해 일회용품 사용을 줄이자는 취지다. 호텔에 따라 대용량 샴푸 등을 비치하거나 유료로 구매해 사용해야 한다. 머리 감는 세정제는 고대 이집트 때부터 사용되었다. 비누에 귤, 레몬 등 시트러스(감귤류) 즙을 섞어 머리를 감았는데, 시트러스 즙에 들어 있는 구연산 성분이 머리카락에 낀 피지를 제거하는 효과가 있었다고 한다. 중세 유럽에서는 탄산나트륨이나 탄산칼륨 성분이 들어 있는 물질을 비누와 섞어 사용했다. 과거 우리 조상들은 단오(음력 5월 5일)에 창포를 삶은 물로 머리를 감았다. 창포에 들어 있는 성분이 모발 손상을 치유하고 수분을 공급해 가려움증을 줄여주었다고 한다. 인도에서는 계면활성제 성분이 있는 나무 열매와 허브 등을 넣고 끓여 만든 추출물로 머리를 감았다고 전해진다.

　모발 세정제에 '샴푸'라는 이름이 붙은 것은 영국의 식민지 개발과 관련 있다. 영국이 인도를 식민 지배하면서 인도인 중 영국이나 유럽으로 건너간 사람들이 있었다. 이들 중 벵골 지역 출신인 딘 무함마드는 동인도회사 소속 군대에서 근무했고, 자신의 지휘관과 함께 아일랜드로 이주했다. 이후 그는 잉글랜드로 건너가 브라이턴에서 증기탕을 운영했다. 증기탕에서 머리 감기와 마사지 서비스인 '참피(champi)'를 손님들에게 제공했는데, 이 참피가 샴푸의 어원이 되었다. 무함마드의 인도식 마사지 서비스는 영국에서 큰 인기를 얻었고, 영국 곳곳에 대중화되면서 샴푸라는 말이 퍼져나갔다. 당시 증기탕에서 비누와 허브를 끓여 만든 모발용 천연 세정제도 샴푸라고 불렀는데, 이것이 오늘날 샴푸로 이어졌다.

　머리카락 전용 합성세제가 나온 것은 20세기에 들어서면서부터다. 독일 베를린에서 약국을 운영하던 한스 슈바츠코프가 1903년에 분말형 샴푸를 만들었다. 1회 분량 가루를 봉지에 담아 팔았는데, 사람들은 이 가루를 물에 녹여 머리를 감았다. 이후 샴푸는 미국에서 더욱 발전한 제품들이 개발되면서 대중화되었다. 20세기 초·중반 미국의 샴푸 생산을 이끌던 프록터앤드갬블(P&G) 회사가 지금도 샴푸와 여러 위생용품 생산을 주도하고 있다. 하지만 샴푸의 대중화는 환경 파괴라는 단점도 낳았다. 합성 계면활성제는 잘 분해되지 않아 수질을 오염시켰다. 그래서 학습만화나 동화 등에서 샴푸와 린스를 사용하는 대신 비누로 머리를 감고 식초를 섞은 물로 헹구면 환경파괴도 막고 머릿결도 유지할 수 있다는 내용이 소개되곤 했다.

향수

향수는 향기를 내는 데 쓰는 물질인 향료를 알코올 등에 풀어 만든 화장품의 한 종류다. 향수의 재료가 되는 향료는 예부터 귀하게 여겼다. 고대 이집트인들은 미라를 만들 때 향이 나는 기름을 시신에 바르기도 했다. 이집트 파라오인 투탕카멘의 무덤에서는 석고로 만든 항아리가 발견되었는데, 이 안에 고체 향료가 들어 있었다고 한다. 항아리 뚜껑을 열자 은은한 향기가 여전히 남아 있었다고 전한다.

고대 인더스 문명과 지중해 문명 등에서는 꽃이나 아몬드 등 식물에서 추출한 기름 성분으로 향이 나는 액체를 만들었다. 키프로스 섬에서는 4천 년 전에 만들어진 향수와 함께 향수를 만드는 작업장도 함께 발견되었다. 이 발견으로 당시에는 꽃과 아몬드, 고수 등의 식물을 이용해 향수를 만들었다는 사실을 확인할 수 있었다.

현대 향수는 대부분 알코올 성분을 함유하고 있는데, 알코올이 함유된 향수는 1370년 무렵 헝가리에서 처음 만들어졌다. 중동의 이슬람 세계에서 연금술이 발전하며 알코올이 발견되었고, 알코올은 중동과 비교적 가까운 동유럽 지역으로 퍼져 나갔다. 이후 알코올이 물이나 기름보다 향이 있는 물질을 쉽게 녹이고 그 향을 오래 지속시켜 준다는 것을 알게 되어 알코올을 이용한 향수를 만든 것이다. 이 최초의 알코올 향수는 당시 헝가리 왕비인 에르제베트를 위해 만들었다. 에르제베트가 70이 넘은 이후에도 폴란드 왕으로부터 청혼받았다는 이야기도 전해지는데, 이는 당시 알코올 향수의 대단함을 만들기 위해 만들어진 이야기일 가능성이 크다. 에르제베트는 70세까지 살지 못했으며, 에르제베트의 남편 러요시 1세가 사망한 이후 오히려 헝가리와 폴란드 사이의 동군연합(서양 중세에 서로 다른 나라가 같은 국왕을 왕으로 모시며 발생하는 연합)은 해체되는 등 역사적 배경에 비춰봐도 미심쩍은 부분이 많기 때문이다.

최초의 향수 전문점은 16세기 프랑스에서 등장하고, 이후 향수는 프랑스를 중심으로 발전했다. 훗날 프랑스 왕위에 오르는 앙리 2세가 이탈리아의 명문가 메디치 가문의 딸 카테리나(프랑스어로는 카트린 드 메디시스)와 혼인하면서 그녀의 향수를 만들던 사람도 함께 프랑스로 넘어갔고, 파리에서 향료와 향수 판매점을 열었다. 향수 산업은 19세기 산업혁명을 거치며 비약적으로 커진다. 그간 천연 재료에서만 얻을 수 있었던 향을 내는 물질을 인공적으로 합성하며 대량 생산하기 시작한 것이다. 그러면서 귀족이나 부유층의 전유물이던 향수를 대중도 쉽게 구매할 수 있게 된다.

우리나라는 어떨까? 적어도 삼국 시대 때는 한반도에서 향료가 사용되었던 것으로 보인다. 고구려 쌍영총 벽화에 향로를 머리에 이고 걸어가는 소녀의 모습이 그려져 있는 것으로 이를 짐작할 수 있다. 또한 고려 시대의 각종 기록을 통해 고려 시대에서도 향료를 개발한 것을 알 수 있는데, 중국 송나라로부터 원료를 수입한 후 이를 토대로 향유를 개발해 중국에 역으로 수출할 정도였다. 조선 시대에는 향이 나는 물질을 천으로 싸서 허리춤에 매달고 다니기도 했다. 향수처럼 몸에서 좋은 향이 나도록 한 것이다.

사우나

날씨가 추워지면서 따뜻하게 몸을 녹일 수 있는 사우나를 찾는 사람도 많아졌다. 그렇다면 우리는 언제부터 사우나를 찾기 시작한 걸까?

사우나는 핀란드어로 열기를 이용해 땀을 흘리는 목욕 방식을 의미한다. 사우나는 핀란드 등 북유럽에서 먼저 시작된 것으로 알려져 있으며, 빙하기 이후 인류가 정착 생활을 시작한 신석기 시대(기원전 3천 년 무렵)에 생겨났다고 한다. 초기 사우나는 땅에 구멍을 파고 동물 가죽을 덮어 만드는 흙 사우나 형태였는데, 철기 시대에 들어서며 통나무로 사우나실을 만드는 방식으로 발전했다.

핀란드 전통 사우나는 화덕으로 열기를 발생시킨 다음 물을 사우나실 내부에 뿌리면서 온도와 습도를 조절하는 방식이다. 땀이 나면 자작나무 가지로 몸을 두들겼다. 사우나는 호수 근처에 만들었는데, 사우나를 하다가 너무 더우면 차가운 호수에서 수영하며 몸을 식히고, 다시 사우나에 들어가는 것이다. 이 때문에 핀란드는 전통 사우나가 아닌 현대식 사우나에도 수영장 시설을 함께 만든다.

핀란드의 사우나 문화는 단순한 목욕 문화를 넘어 종교와 일상생활 곳곳에도 영향을 미쳤다. 아기를 낳거나 고인의 시신을 염습할 때도 사우나를 이용했다. 인간의 탄생과 마지막을 함께하는 장소이다 보니 핀란드인에게 사우나는 신성한 공간으로 인식되었다. 그래서 핀란드에는 "사우나에 갈 때는 교회에서처럼 행동하라"라는 격언도 있다. 핀란드의 사우나 문화는 유네스코 인류 무형 문화유산으로도 지정되었다.

사우나는 언제부터 세계로 퍼지기 시작했을까? 사우나 확산에 이바지한 것은 제2차 세계 대전이다. 당시 나치 독일은 스칸디나비아 국가들까지 점령했는데, 이때 사우나 문화를 경험한 독일 군인들에 의해 사우나가 서유럽으로 전파되었고, 점차 세계로 퍼졌다. 아울러 기술이 발전하면서 화덕이 아닌 스토브나 전기 등을 이용해 사우나의 열기를 만들기 시작했다.

우리나라의 사우나는 공중목욕탕이 확산되면서 퍼졌지만, 그 이전에도 '한국식 전통 사우나'가 존재했다. 조선 시대 때부터 존재했던 한증막이 그것이다. 《세종실록》에 세종 4년(1422) 8월 15일자에 세종이 "한증소(궁중 찜질 치료소)에서 하는 목욕이 병을 고치는 데 효과가 있는지 조사하라"고 했다는 기록이 있다.

또한 서울의 승려들이 병의 종류를 가리지 않고 한증막에서 목
욕함으로써 병을 치료하려 했다가 오히려 목숨을 잃고 말았다
는 기록도 남아 있다. 조선 시대 한증막은 국가의 감독 아래 질
병 치료에 이용되었고, 관련 업무를 맡는 담당자도 있었다. 우리
나라의 재래식 한증막은 소나무 가지를 연료로 삼아 욕실을 가
열하고, 일정 온도에 도달하면 물로 불을 꺼 온도와 습도를 조절
하는 방식이었다.

선크림

최근 도널드 트럼프 미국 대통령의 관세 정책으로 인해 미국에서는 일부 품목에 대한 사재기 현상이 나타나고 있다. 수입품에 대한 관세가 부과되면 여러 생활용품 가격이 상승할 것을 대비해 미리 물건을 사놓는 것이다. 사재기 물품에는 한국산 선크림노 포함되었다. 한국 선크림은 가격이 상대적으로 저렴하고 미용 효과도 좋아 미국에서도 인기다. 그렇다면 오늘날 생활필수품인 선크림은 언제부터 사용되었을까?

대부분의 문명권에서는 햇빛을 차단하기 위해 의복이나 모자 등을 이용했다. 팔다리를 가려주는 긴 옷이나 챙이 넓은 모자, 양산 등을 이용해서 햇빛을 가렸다. 하지만 일부 지역에서는 천연 재료를 이용해 피부를 보호하려는 시도도 있었다. 고대 이집트인들은 재스민과 쌀겨의 추출물로 천연 피부 보호 오일을 만들었다. 이집트인들은 밝은 피부를 고귀함의 상징으로 여겨 피부에 신경을 많이 쓴 것이다. 마다가스카르에서는 마손조아니라는 나무의 껍질을 갈아 얼굴에 팩처럼 발랐고, 미얀마에서는 타나카 나무 추출물을 비슷한 방식으로 사용했다. 이런 나무 추출물은 현대의 선크림이나 팩처럼 얼굴 전체에 펴 바르기도 하지만, 꽃잎이나 나뭇잎 같은 모양으로 바르기도 한다.

오랜 시간 사람들은 태양열로 인해 피부가 탄다고 생각했다. 그런데 1801년 독일 화학자 요한 리터가 사람 눈에 보이지 않는 자외선을 발견하면서 자외선이 인간에게 미치는 영향에 관한 연구가 진행되었다. 자외선이 피부 노화의 원인이 된다는 점이 밝혀지자 사람들은 자외선으로부터 피부를 보호할 방법을 모색했다. 1920~1930년대에는 유럽과 미국을 중심으로 자외선 차단 기능이 있는 제품이 발명되기 시작했으며, 1940년대에 들어 자외선 차단 물질이 포함된 화장품이 대중화되었다.

선크림은 제2차 세계 대전과도 관련 있다. 1941년 일본이 미국 하와이의 진주만을 기습 공격하며 태평양전쟁이 발발했다. 당시 미군과 일본군의 육상 전투는 남태평양의 열대 지역에서 주로 벌어졌다. 이 지역들은 자외선 강도가 매우 높아 병사들이 쉽게 일광 화상을 입었으며, 병력 손실 방지를 위해 피부 보호 대책이 필요한 상황이었다. 이때 미군은 자외선 차단제를 지급했다. 이 약품은 '레드 벳 펫(Red Vet Pet)'이라고 불렸는데, '붉은색 수의학용 바셀린(red veterinary petroleum)'을 줄인 말이다. 가격이 저렴한 동물 치료용 제품을 급히 보급한 것이다. 이 제품은 기름지고 끈적이는 것이 단점이었지만, 병사들의 피부를 보호하는 데는 효과적이었다. 전쟁이 끝난 후에는 미군 출신 약사 벤저민 그린이 레드 벳 펫에 코코아 버터와 코코넛오일 등을 섞은 자외선 차단제를 만들었다. 이 제품은 코퍼톤이라는 브랜드로 민간에 출시되었고, 이후 세계적으로 널리 알려진 선크림의 원형이 되었다. 코퍼톤 사는 오늘날에도 자외선 차단제를 판매하고 있다.

화장실

　소설 《레미제라블》(1862)을 쓴 프랑스의 대문호 빅토르 위고는 "인류의 역사는 화장실의 역사"라고 했는데, 그 정도로 화장실은 인류와 밀접한 시설이다.

　기원전 2500년 무렵 시작된 것으로 추정되는 고대 인도의 인더스 문명에는 모헨조다로라는 도시가 있었는데, 이곳에서 벽돌 등을 이용해 만든 화장실 유적이 발견되었다. 벽돌 위에 나무판을 얹어 변기를 만들고, 변기 아래 배수구를 연결한 것이다. 고대 로마에는 공용 화장실도 있었다. 변기 역할을 하는 곳 아래에 물을 흐르게 해 배설물을 씻어내고 뒤처리는 긴 나무 막대에 해면(해면동물을 말려 골격만 남긴 것)을 꽂아 처리했다고 한다. 해면은 공용 물품이었기 때문에 물로 씻은 후 식초가 담긴 통에 넣고 소독했다고 전한다.

　우리나라 삼국 시대에도 공용 화장실이 있었다. 대표적인 것이 백제 왕궁리 유적의 화장실이다. 처음 이곳이 발굴되었을 때는 넓은 대형 지하 구덩이로 여겨졌다. 보통 이런 구덩이는 식자재를 저장하는 창고로 추측하는데, 식자재를 저장하는 창고에서는 목간(고대에 종이 대신 글씨를 쓰는 데 사용한 나뭇조각)이 출토된다. 그러나 이 유적에서 출토된 나무 막대에는 아무런 글씨가 쓰여 있지 않았다. 그런데 흙을 파내다 보니 악취가 진동해서 토양을 분석해보니 장내에 서식하는 기생충의 알이 발견되었다. 화장실이었던 것이다. 출토된 나무 막대 역시 목간이 아니라 뒤처리용 막대기였던 것으로 추정된다.

중세 유럽에서는 성벽 돌출부에 화장실을 만들고, 배설물이 성벽 아래의 해자(적의 침입을 막기 위해 성 둘레를 파고 물을 채워 만든 웅덩이)로 떨어지도록 했다. 다만 이는 성에 거주하는 귀족층에 해당하는 이야기였고, 평민들은 요강에 볼일을 본 후 길거리에 배설물을 버렸다고 한다. 또한 프랑스의 베르사유 궁전에는 화장실 시설이 따로 없어 요강에 볼일을 본 후 버리거나, 벽이나 커튼 등에 몰래 볼일을 처리하는 일이 많았다고 전해진다. 문제는 오히려 베르사유 궁전의 화장실은 당시 기준으로 고급 화장실이었다는 것이다. 이 이야기가 퍼진 것은 프랑스에서 왕정이 몰락한 이후 베르사유 궁전의 구조를 일부 개조하는 과정에 기존의 화장실 시설이 폐쇄 또는 철거되면서 베르사유 궁전에는 화장실이 없다는 인식이 생기게 된 것으로 여겨진다.

수세식 화장실이 처음 개발된 곳은 영국으로, 1596년 시인이자 발명가 존 해링턴이 엘리자베스 1세 여왕을 위해 만들었다. 수세식 화장실이란 변기 내의 오물을 일정량의 물을 흘려 처리하는 방식을 뜻하는데, 변기 위에 물통을 두고 파이프를 통해 물을 내뿜어 배설물을 처리하는 방식이었다. 다만 변기 아래에 오물통이 있는 구조였기 때문에 오물통에서 올라오는 냄새를 처리할 수는 없었다. 이 문제는 1775년 영국의 시계 제조공 알렉산더 커밍스가 해결한다. 변기 밑 배수 파이프를 구부러진 S자 형태로 설계해 분뇨통의 악취를 최소화하고, 벌레가 변기 위로 올라오는 것을 방지한 것이다.

하지만 수세식 화장실의 보급이 오히려 콜레라 등 전염병의 원인이 되기도 했는데, 분뇨 대부분이 템스강으로 흘러가 퍼졌기 때문이다. 이 문제는 하수도 시설의 개선을 통해 점차 해결되었다.

유럽에서 개발된 수세식 화장실은 전 세계로 퍼져나갔고, 우리나라에도 들어왔다. 우리나라에서 수세식 화장실이 최초로 설치된 장소는 덕수궁 석조전이다. 하지만 이는 황제만이 누릴 수 있는 호사였고, 국민 대부분은 집 밖에 설치된 재래식 화장실을 사용했다. 1958년에 세워진 종암아파트는 각 개인 세대마다 수세식 화장실이 설치되었는데, 당시 이승만 대통령이 이를 두고 한국이 발전하는 모습이라며 감탄했다는 이야기가 전해진다.

레깅스

요즘 길거리나 체육관에서 레깅스를 입은 사람들을 흔히 볼 수 있다. 헬스나 요가, 등산 같은 운동을 할 때 편하고 활동하기 좋아 많은 사람이 즐겨 입는다. 그런데 지금은 주로 여성들이 많이 찾는 레깅스가 과거에는 남성들의 옷이었다.

레깅스의 기원은 중세 유럽에서 남성들이 입던 바지인 **호스**다. 호스는 남성들이 입던 바지로, 현대의 레깅스나 타이츠처럼 쉽게 잘 늘어나지는 않았으나 다리 모양이 드러나는 바지였다. 주로 사냥이나 전투 등 말을 타고 다녀야 하는 남성들이 착용했다. 움직임이 편리하고 다리를 보호해주는 바지였다. 비슷한 바지로 트루즈가 있었는데, 잘 닳는 부분에 가죽을 덧대 튼튼하게 만들었고, 주로 승마용이나 군복 등으로 활용했다. 아메리카 원주민들도 사슴 가죽으로 만든 비슷한 바지를 입었다.

군인들이 먼지나 모래가 신발 속으로 들어가는 것을 막기 위해 레깅스와 같은 바지를 착용했다. 19세기에는 스패츠라는 다리 덮개를 끈이나 단추로 꽉 고정해 입기도 했다. 중세에 착용하던 타이츠 형태의 바지가 발전한 것이다. 하지만 시간이 지나 전투화가 발달하면서 신발에 이물질이 잘 들어가지 않자 이런 복장의 필요성은 점차 줄어들었다. 하지만 제2차 세계 대전이나 한국 전쟁에 참전했던 미군 병사들 사이에서는 여전히 사용되었다.

한편 19세기에는 여성들도 레깅스와 비슷한 옷을 조금씩 입기 시작했다. 당시 여성들은 치마 안에 입는 긴 속바지로 판탈레트를 입었다. 초기 판탈레트는 헐렁해서 지금의 레깅스와는 전혀 닮지 않았지만 시간이 흐르면서 점점 몸에 붙는 스타일로 변해갔다.

레깅스가 지금과 같은 모습을 갖춘 것은 20세기부터다. 20세기 중반, 신축성이 좋은 합성 섬유가 개발되면서 지금처럼 몸에 딱 달라붙는 옷을 만든 것이다. 특히 1960년대에 디자이너 패트리샤 필드에 의해 현대 여성들이 주로 입는 레깅스의 형태가 거의 완성되었다. 유명 영화배우들이 영화에서 레깅스를 입고 나오거나, 20세기 후반 에어로빅과 요가 등 운동과 관련된 붐이 일면서 여성들이 자연스럽게 레깅스를 입는 분위기가 생겼다. 발레리나들이 입는 옷, 속바지 정도로 인식되던 레깅스가 하나의 패션 아이템으로 변화한 것이다.

레깅스는 처음에는 치마나 반바지 안에 입는 것이 일반적이었지만, 최근에는 레깅스만 입는 경우도 많다. 그래서 "밖에서 레깅스만 입어도 될까?" 하는 논란도 벌어진다. 실제로 미국에서는 여학생들이 레깅스만 입고 등교하는 것을 금지했다가 학생들이 크게 반발한 사건도 있다. 유나이티드 항공사에서는 레깅스를 입고 비행기에 탑승하려는 승객의 항공기 탑승을 거부한 사례도 있다.

이렇게 드레스 코드 논란이 있는 레깅스이지만, 전문가들은 비행기를 탈 때만은 레깅스를 피하는 것이 좋다고 말한다. 몸에 딱 붙는 레깅스는 장시간 좁은 좌석에 앉아 있을 때 혈액 순환을 방해한다고 한다. 게다가 대부분 레깅스는 합성 섬유로 만들어져, 만약 비상사태가 일어나 불이 붙으면 쉽게 녹아 피부에 달라붙어 큰 화상을 입을 위험도 있다고 한다.

내복

　전통 사회의 내복은 주로 동아시아 지역에서 발달했다. 유럽 지역보다 추운 겨울을 보내야 해 방한용 의복이 필요했기 때문이다. 다만 지금처럼 내복이라는 옷이 따로 있었다기보다는 옷을 여러 겹 껴입는 쪽에 가까웠다고 한다. 겉옷이든 속옷이든 가리지 않고 여러 겹을 입어 추위를 막았다.

　삼국 시대와 남북국 시대 내복에 대해서는 《삼국사기》 기록으로 흔적을 엿볼 수 있다. 신라 하대 흥덕왕(재위 826~836) 때 복식금제(服飾禁制)와 관련된 기록을 보면 내의(內衣), 내상(內裳) 등 옷 안에 입는 의복을 언급하고 있다. 다만 이 옷들은 방한용품으로서 내복이라기보다는 한복 속치마와 속바지처럼 속옷에 가까운 것으로 여겨진다. 또 동물 가죽으로 옷을 만들어 겉옷 안에 껴입었다고 한다. 조선 시대에는 부유한 양반층은 솜옷을 안에 껴입어 겨울을 나고, 그렇지 못한 사람들은 개 가죽으로 만든 옷을 안에 껴입거나 옷을 여러 겹 껴입어 겨울을 지냈다고 한다.

지금 입는 것 같은 방한용 내복은 19세기에 원형을 찾을 수 있다. 19세기 말 미국에서는 유니언 슈트라는 속옷을 개발했는데, 긴 팔과 긴 바지로 된 상하의가 통으로 붙어 있는 형태다. 활동성과 보온성이 좋아 실내복으로 입거나 야외 노동자와 군인들이 방한복으로 입었다. 실내 노동자들은 겉옷을 벗고 유니언 슈트만 입고 작업하는 일이 많았다고 한다. 이 옷은 단추를 채우는 형태였는데, 상·하의가 붙어 있다 보니 입고 벗기가 불편했다. 그래서 20세기 접어들며 상의와 하의를 분리한 형태로 바뀌었다. 이 옷이 우리가 현재 입는 내복의 원형이라고 할 수 있다.

내복 하면 떠오르는 것이 빨간 내복이다. 최근에는 잘 입지 않지만, 과거 내복의 대명사라 할 정도로 널리 알려졌다. 빨간 내복은 1950년대 전후 등장했다. 이때는 합성 소재인 나일론 등으로 내복을 만들었는데, 염색 기술에 한계가 있어 합성 섬유에 가장 쉽게 염색할 수 있는 색이 검은색과 빨간색이었으며, 검은색은 때가 탄 옷처럼 여겨져 선호하는 색상이 아니었다고 한다. 당시에는 내복 가격이 꽤 비싸 사회 초년생이 첫 월급을 받으면 부모님께 빨간 내복을 한 벌 선물해 드리는 것이 일반적이었다. 부모님이 따뜻한 겨울을 보내기를 바라는 효심을 담은 것이다.

날씨가 추워지면서 정부와 공공기관에서 내복 입기를 강조한다. 내복을 입으면 집 안 난방 온도를 2도 가량 낮춰도 따뜻하게 지낼 수 있다고 한다. 에너지를 절약할 수 있는 것이다.

침대

2021년 도쿄올림픽에서 골판지로 만든 선수촌 침대가 화제가 되었다. 200킬로그램까지 무게를 견디고, 재생할 수 있는 친환경 침대라고 하지만, 일부 선수가 앉기만 해도 푹 꺼진다며 안정성에 문제를 제기했고, 일반인들 사이에서도 논란이 되었다. 그만큼 침대에 대한 사람들 관심이 높다는 뜻일 것이다.

2020년 남아프리카공화국 레봄보 산맥에 있는 동굴에서 최소 20만 년 전 사용한 것으로 추정되는 풀침대가 발견되었다. 해충이 싫어하는 식물을 태운 잿더미를 밑에 깔고 그 위에 다시 식물을 깐 흔적이 있었다. 연구진은 잿더미가 기어오르는 벌레를 막아주었다고 보았다.

고대 이집트에서는 파라오와 귀족들이 나무로 만든 침대를 사용했다. 침대 위에는 원통형 목받침을 올려두었는데, 귀부인의 머리 모양이 자는 동안 흐트러지지 않게 해주었다고 한다. 그리스 로마 지역에서도 침대가 발달했다. 고대 그리스의 호메로스가 쓴 서사시 〈오디세이아〉에는 주인공 오디세우스가 아내 페넬로페와 함께 쓰기 위해 만든 침대가 묘사되어 있고, 고대 그리스 신화에 악당 프로크루스테스가 집에 들어온 손님을 침대에 눕히고 침대보다 키가 크면 다리나 머리를 자르고 작으면 사지를 늘려서 죽게 한 이야기가 나온다. 이 시기 사람들에게 침대는 수면뿐 아니라 독서나 식사 공간이기도 했다. 또한 고대 페르시아 지역에서는 염소의 가죽을 겉감으로 사용해 안에 물을 채워 만든 물침대를 사용했다고 한다.

중세 유럽 영주의 저택에도 침대가 있었는데, 간이침대 여러 개를 쭉 늘어놓은 방에서 영주와 친척, 하인들이 다 함께 잠을 잤다고 한다. 14세기 이후에는 나무 상자 같은 틀 안에 나뭇잎 등을 채워 넣고 가죽으로 덮거나, 벤치 위에 새 깃털이나 동물 털을 채워 넣은 가죽 매트리스를 올려두고 썼다고 전한다. 이때부터 침대 공간이 사적 공간이라는 인식이 생겨나 침대 옆 천장에 커튼을 설치해 옆 사람에게 보이지 않게 했다고 한다.

이후 침대는 금속 틀을 사용하고 가죽 대신 비단을 사용한 매트리스가 등장하는 등 발전을 거쳤다. 특히 17세기 바로크 시대 왕실에서는 비싼 재료를 이용해 화려하게 침대를 꾸미곤 했다. 침대가 귀족들의 신분 과시용 가구가 된 것이다. 반면 평민들은 대부분 지푸라기를 두껍게 쌓아 올리고 그 위에서 잤다.

침대 하면 떠오르는 스프링 든 매트리스는 1800년대 중·후반 개발된 것으로 알려져 있는데, 누가 개발했는지 정확한 기록은 확인되지 않는다. 이후 침대 회사 시몬스는 1925년 각각의 스프링을 천으로 감싼 포켓 스프링을 만드는 기계를 개발했는데, 포켓 스프링 매트리스는 지금까지 널리 이용되고 있다. 다만 최근에는 점차적으로 라텍스 등 새로운 소재를 사용한 매트리스로 바뀌는 추세다.

우리나라에서는 삼국 시대에 침상을 사용한 기록이나 고분벽화가 존재하기는 하지만, 침대가 오랜 기간 거의 사용되지 않았다. 우리나라의 전통적 난방방식이 온돌이기 때문이다. 온돌로 바닥을 데워 난방하는 구조에서는 침대의 효율이 떨어질 수밖에 없었고, 바닥에 요를 깔고 자는 것이 가장 효율적이었다. 그래서 삼국 시대 이후로는 침대나 침상은 거의 사용되지 않다가 개항기에 서양식 호텔이 세워지면서 침대가 들어온다. 1880년대에 인천의 대불호텔에서 침대가 사용되면서 우리나라에 침대가 들어오기 시작했고, 상류층의 전유물로 여겨지다가 1988년 서울올림픽 이후에 대중화되었다.

우산

　우산은 고대 이집트, 메소포타미아, 중국에서부터 쓰인 것으로 전해져 내려온다. 처음에는 비를 막는 용도가 아니라 햇볕을 가리는 양산이었다. 우산의 영어 단어 umbrella의 어원이 그늘을 뜻하는 라틴어 umbra인 것을 봐도 알 수 있다. 그리고 왕이나 황제 등 높은 신분의 사람들만 쓸 수 있었는데, 특히 이집트에서는 우산이 하늘의 여신 누트를 상징하는 물건이어서 사용 계층이 극소수였다고 전한다.

　유럽에서는 18세기까지만 해도 남성이 우산을 쓰는 것은 나약한 행동이라며 부정적으로 보았다. 이 때문에 남성은 비가 오면 모자를 쓰거나, 마차를 타거나, 그냥 맞아야 했다. 남성이 우산을 써도 손가락질받지 않는 상황은 여성을 에스코트하기 위해 함께 쓸 때뿐이었다. 반면 여성에게 우산은 부와 지위를 상징하는 수단으로 애용되었다고 한다.

이런 편견을 깬 것은 18세기 영국 무역업자 조너스 한웨이였다. 당시 런던은 지금처럼 늘 비가 왔는데, 남성은 우산을 쓰지 못했다. 비에 젖는 것이 너무 싫었던 한웨이는 업무상 페르시아에 갔다가 우산 쓴 사람들을 보고 깜짝 놀란다. 그리고 1750년쯤 런던에서 우산을 들고 거리로 나가 '최초의 우산 쓴 런던 남자'가 되었다. 사람들은 그에게 야유와 돌팔매질을 했고, 밥줄이 끊길 것을 걱정한 마부가 일부러 마차를 물웅덩이로 몰고 가 그에게 물벼락이 쏟아지게 하기도 했다. 하지만 그는 그런 비난에도 30년간 꿋꿋하게 우산을 들고 다녔고, 결국 우산에 대한 편견을 없앴다. 그래서 한동안 영국에서 우산을 '한웨이즈'라고 부르기도 했다.

우리나라에서도 우산은 왕이나 왕족이 해를 피하는 용도로 사용해 일산(日傘)으로 불렸다. 비는 농사에 도움을 주는 귀중한 현상이고, 조선 시대까지도 백성이 비를 막기 위해 하늘을 가리는 것은 불경한 행동이었기 때문에 백성들은 비가 오면 그대로 맞거나 삿갓, 도롱이(재래식 우비)를 이용했다. 우산은 구한말 선교사가 들여온 것으로 추정되는데, 우산이 하늘이 내린 권력과 권위를 지닌 자를 상징하다 보니 개항기에는 외국인들이 우산을 쓰고 다니는 모습을 불경하게 여겼다. 《독립신문》(1896년 창간)에 오랜 가뭄 끝에 비가 오는데 우산을 쓰고 거리를 나선 외국인이 집단 폭행을 당했다는 기사가 실리기도 했다.

초창기 우산은 나무로 대와 살을 만들고 가죽이나 천 등을 씌

우거나, 기름 먹인 종이를 바른 지우산 형태였다. 주로 동아시아
에서는 대나무가 사용되었고, 앞서 살펴본 한웨이의 우산은 등
나무가 사용되었다. 이후 1847년 발명가 헨리 홀랜드가 금속 뼈
대를 발명했고, 1852년 직조기 제조업자 새뮤얼 폭스가 이를 상
품으로 만들어내면서 현대식 우산이 탄생했다.

장화

장화가 개발되기 전에는 보통 비가 올 때 나막신을 신었다. 보통 통나무를 발 크기로 깎아 발이 들어갈 구멍을 만들고, 신발 밑창에 굽을 달아 비에 젖지 않게 하기 위함이었다. 나무로 만든 나막신은 고대부터 자주 사용되던 신발 재료로, 우리나라에서는 삼국 시대의 나막신 유물이 출토될 정도로 역사가 오래되었다. 또한 강우 시뿐만 아니라 평상시에도 튼튼한 신발의 역할을 해 주었기 때문에 하층민들의 신발로 애용되었다. 나막신을 영어로 sabot라고 하는데, 노동 쟁의를 뜻하는 영어 단어 sabotage의 어원이 당시 노동 계층이 신던 나막신에서 비롯되었다는 주장도 있다.

장화의 기원이 된 신발을 처음 생각해낸 사람은 1814년에 영국의 초대 웰링턴 공작(귀족 작위)이 된 아서 웰즐리로 알려져 있다. 당시 영국군은 단화 형태 가죽 구두를 전투화로 신고 있었는데, 이 신발에는 진흙이나 이물질이 들어가기 쉬웠고, 전투 중에 발생할 수 있는 여러 상황에서 군인들의 정강이를 보호해주지 못했다.

그러면서 당시 프로이센 군대에서 신었던 헤시안 부츠가 영국군 사이에 유행하기 시작한다. 그런데 시간이 지나며 영국 장교들은 부츠에 화려한 술 장식이나 박음질하며 멋을 내기 시작했다. 부츠의 목은 점점 길어져 무릎 위를 덮었고, 실용성과는 거리가 있었다. 헤시안 부츠는 영국군 복식에도 맞지 않았다.

이에 웰링턴 공작은 구두 제조업자인 조지 하비에게 이 부츠의 형태를 영국군에 맞게 개량해달라고 요청했다. 이에 정강이를 반쯤 덮을 수 있고, 각종 장식이 제거된 부츠가 개발되었다. 이것을 '웰링턴 부츠'다. 처음에는 길이도 비교적 짧고 디자인도 수수한 부츠를 보고 사람들이 "이게 뭐냐"라는 반응을 보였지만, 웰링턴 부츠는 영국 내에서 급속노로 확산되었다.

웰링턴 부츠는 영국 출신의 기업가 하이럼 허친슨의 영향으로 현재 우리에게 익숙한 고무장화 형태로 바뀌었다. 허친슨은 프랑스로 건너가 고무와 관련한 각종 제품을 만드는 회사를 세웠고, 소가죽으로 만들어지던 웰링턴 부츠를 고무로 만들어 팔기 시작했다. 당시 프랑스의 노동 계층은 비가 올 때 나막신을 신고 일했는데, 고무장화가 나오면서 인기를 끌기 시작했다. 비슷한 시기 미국에서도 사업가 헨리 노리스가 고무장화 산업에 뛰어들었고, 고무장화는 험한 작업 가운데 다리를 지켜주는 신발로 주목받았다.

　고무장화는 제1차 세계 대전에서도 적극적으로 활용되었다. 당시 적의 공격을 방어하기 위해 땅을 파서 만든 참호에 있던 군인들은 비가 내리는 날이면 오랜 시간 물이 들어찬 구덩이에서 생활해야 했다. 이 때문에 침수된 참호에서 오랜 시간 지내면서 발에 생기는 괴사, 감각 이상 등의 질환인 '참호족'에 시달려야 했다. 이에 영국군에서는 고무로 만든 장화를 군인에게 보급하기 시작했는데, 이때 보급된 고무장화를 '헌터 부츠'라고 부른다.

혈액형

2025년 6월, 제21대 대한민국 대통령에 이재명 더불어민주당 후보가 당선되면서 우리나라 정치사에 흥미로운 기록이 하나 세워졌다. 이명박, 박근혜, 문재인, 윤석열 전 대통령에 이어 5연속 혈액형이 B형인 대통령이 탄생한 것이다. 혈액형 성격론을 믿는 일부 사람은 B형의 성격 특성에 의미를 부여하기도 했다. 그렇다면 사람들은 언제부터 혈액형을 구분하기 시작했을까?

중세 서양에서는 병에 걸린 환자의 피를 뽑는 치료법인 사혈법이 유행했다. 고대 그리스의 의사 히포크라테스는 인체에 흐르는 4가지 체액의 균형이 깨지면서 병이 생긴다고 보았는데, 갈레노스에 의해 이 이론이 계승, 발전되면서 이 관념이 중세까지 이어지며 체액 불균형으로 인해 병이 생긴다고 여긴 것이다. 그래서 피를 뽑아 균형을 맞추려 했다.

하지만 17세기 초 영국 의사 윌리엄 하비는 인체의 혈액 순환

체계를 밝혀내며 이 관념을 뒤집는다. 병을 고치려면 피를 뽑을 것이 아니라 오히려 피를 보충해야 할 수도 있다고 생각한 것이다. 이때부터 수혈의 필요성이 인식되기 시작한다.

그러나 실제로 수혈이 정착되기까지는 200년 넘는 시간이 걸렸다. 17세기 프랑스 의사 장 바티스트 드니가 열병 치료에 양의 피를 사용했는데, 이는 기독교 문화에서 어린 양이 예수 그리스도를 상징하는 동물이기에 어린 양의 피는 깨끗한 것으로서 인체에 악영향을 미치지 않으리라 생각했기 때문이다. 드니는 두 번의 수혈에서는 성공을 거두었지만(이 말도 안 되는 두 번의 수혈이 성공했다는 기록이 남은 것은 수혈량이 매우 적었기 때문으로 추측된다) 세 번째 수혈을 받은 사람은 심각한 부작용에 시달리다가 사망했다. 이후 한동안 유럽에서 수혈은 금지되었다. 19세기 영국 의사 제임스 블런델은 연구 끝에 같은 동물의 피끼리만 수혈이 가능하다는 것을 알아냈고, 출산 중 과다 출혈로 사망하는 산모들을 돕기 위해 사람 간 수혈을 시도한다. 그러나 사람마다 피를 섞었을 때 혈액이 응고되거나 부작용이 발생하는 경우가 많았다. 이 때문에 당시 수혈은 위험한 최후의 수단으로 여겨졌다.

수혈 과정의 수수께끼를 풀어낸 인물은 오스트리아 의학자 카를 란트슈타이너였다. 그는 피를 섞었을 때 응고가 일어나는 경우와 그렇지 않은 경우가 있다는 사실을 발견했다. 각 혈액의 특성을 연구한 끝에 적혈구 표면에 있는 항원의 차이를 기준으로 사람의 혈액을 A형, B형, C형으로 나누었다. 그의 제자들은 세 종류의 혈액 어디에도 해당하지 않는 혈액형을 발견했고, 이를 AB형이라 명명한다. C형은 항원이 없다는 뜻에서 이후 O형으로 이름이 바뀐다. O형은 독일어로 없음을 뜻하는 Ohne에서 유래한 것이다.

혈액형의 발견은 의학적인 진전만 의미하지는 않았다. 당시 유럽은 제국주의와 우생학, 사회진화론이 유행하던 시기였다. 독일 과학자 에밀 폰 둔게른은 인종마다 혈액형 비율이 다르다는 것을 발견했고, 이는 곧 인종 우월주의의 과학적 증거로 사용되었다. 이런 사상은 일본 제국주의로 전해졌고, 일본의 우생학자들은 혈액형별로 사람 기질이 다르다며 혈액형과 성격을 연결했다. 이는 B형이 많은 조선이나 O형이 많은 대만에 대한 식민통치를 정당화하는 논리를 개발하는 데 이어졌다. 이 혈액형 성격론은 1970년대 들어 방송 작가 노미 마사히코에 의해 정리되어 책으로 발간된다. 이후 혈액형 성격론은 일본에서 큰 유행을 일으켰고 우리나라에도 퍼졌다. 최근 우리나라에서는 혈액형 성격론이 다소 퇴색하고 그 자리를 MBTI가 차지하는 반면에 일본에서는 여전히 혈액형 성격론이 유행하고 있다.

손난로

추운 겨울, 군인이나 경찰처럼 야외에서 많이 일하는 사람들에게 손난로는 필수다. 흔들어 열을 내는 핫팩부터 휴대전화 충전기로 충전해서 쓰는 손난로까지 종류가 다양하다. 그렇다면 손난로 발명 이전에는 추위를 어떻게 버텼을까?

핫팩이 나오기 전 손난로 역할을 한 것은 조약돌이다. 손에 쥐거나 품에 넣기 좋은 크기의 조약돌을 불에 달궈 휴대하는 식으로 손난로처럼 사용했다. 손에 들고 다닐 수 있는 크기로 난로를 만들어 휴대하기도 했다. 고대 중국에서 사용한 방식인데, 주로 구리로 만든 휴대용 난로에 숯 등 열을 내는 물건을 넣고 들고 다니면서 사용했다고 한다. 중국 청나라 건륭제 시절 화가 진매가 궁중 생활을 묘사한 그림 모음집 《월만청유도》에 추운 겨울날 여인이 휴대용 난로를 들고 있는 그림이 있다. 이런 형태의 휴대용 난로는 인도나 중동 지역에서도 발견되며, 유럽 지역에서는 도자기 손난로가 있었다.

최초의 현대식 손난로 특허는 1891년 조너선 엘리스라는 미국인이 등록했다. 특허장 내용을 살펴보면 연료를 이용해 열을 내는 방식으로 보이는데, 이 물건은 특허만 등록되어 있고 실제 생산까지 이루어지지는 않았다.

실제 생산까지 이어진 첫 손난로는 일본에서 발명되었다. 1923년 마토바 니이치가 백금을 촉매로 한 산화 반응을 이용해 손난로를 만들었는데, 이를 하쿠킨카이로(백금 난로라는 뜻)라는 제품으로 판매했다. 마토바 니이치는 라이터를 보고 이를 손난로로 개발할 수 있겠다는 아이디어를 얻었다. 이 제품은 지금도 일본에서 판매 중이다. 하쿠킨카이로는 1964년 도쿄올림픽 성화를 그리스에서 일본으로 옮기는 과정에도 사용되었다. 백금이 산화 반응을 일으키기 위해서는 열이 필요해 하쿠킨카이로를 사용하려면 성냥이나 라이터로 불을 붙이는데, 그리스에서 태양광으로 채집한 성화를 하쿠킨카이로를 발열시키는 데 사용하고 하쿠킨카이로 내에서 열의 형태로 전달된 성화를 이용해 일본에서 다시 성화봉에 불을 붙였다.

1976년 미국에서는 액체형 손난로를 개발했다. 현재는 핫팩에 밀려 보기 힘들지만, 1990년대 전후로 문구점에서 많이 팔았던 손난로로, 흔히 똑딱이 손난로라고 불리는 제품이다. 말랑말랑한 튜브 안에 액체가 가득 들어 있고, 그 안에 있는 금속 버튼을 꺾으면 액체가 굳으면서 열을 발생시킨다.

이후 철의 산화 반응을 이용한 손난로도 등장했다. 쇳가루와 소금, 활성탄 등이 섞인 혼합물이 공기에 노출되면 산화 반응이 일어나 열을 내는 방식으로, 지금 우리가 '핫팩'이라고 부르는 손난로다. 1990년대에는 종종 폭발해서 액체형 손난로에 밀렸지만, 기술 발전으로 좀 더 안전한 형태가 되면서 이 손난로를 더 많이 사용하기에 이르렀다.

보건소

독감 예방접종 시즌이 되면 병원뿐 아니라 보건소를 찾는 사람이 많아진다. 그런데 문득 이런 궁금증이 생길 수 있다. '병원이 있는데, 보건소는 또 왜 있을까?' 사실 보건소는 단순히 아픈 사람을 치료하는 곳이 아니라 지역 주민 전체의 건강을 지키는 공공의료 기관이다.

아주 오래전에는 지금 같은 공중보건 제도가 없었다. 나라가 깨끗한 환경을 유지할 수 있도록 수도 시설을 만들고 전염병이 퍼질 때 환자를 격리하는 정도에 그쳤다. 사람들이 질병을 예방해야 한다고 생각한 것은 의학과 생물학이 발전하면서부터다. 또한 산업혁명이 일어나면서 많은 사람이 도시로 몰려들자 전염병이 빠르게 번지는 일이 자주 생겼다. 이때부터 나라와 지역이 함께 질병을 막는 공중보건 제도의 필요성이 커졌다.

그래서 19세기 말부터 20세기 초까지 유럽과 미국을 중심으로 보건소 형태의 기관이 자리 잡기 시작했다. 1877년 영국의 에딘버러에는 건강상담소가 설치되었고, 프랑스에서는 1890년대에 영아건강상담소, 1901년에 결핵상담소가 설치되었다. 미국에서는 본격적으로 지방보건소 조직이 마련되었는데, 1908년에 켄터키에 창설된 지방보건소를 필두로 전국에 보건소가 설치되었고, 일본에서는 1937년에 위생보건소가 설치되었다. 제2차 세계 대전이 끝난 뒤에는 세계보건기구(WHO)가 만들어졌고, 이때부터 여러 나라가 협력해 전염병을 막는 제도를 마련하면서 많은 전염병을 예방할 수 있게 되었다.

우리나라에서는 삼국 시대, 고려, 조선 시대를 거치며 여러 의료 시설이 세워졌지만, 병을 예방하는 보건소 개념이 등장한 것은 조선 후기부터였다. 일부 지역에서 종두법(천연두 예방 백신)이 시행되었고, 갑오개혁 시기에는 정부에 위생 담당 부서를 두어 전염병을 예방하고 백신 관련 일을 맡겼다. 이런 변화는 오늘날 우리나라 공중보건 제도의 첫걸음이었다.

광복 후 미군정이 들어서면서 서울에는 '모범 보건소'가 설치되고 여러 보건 사업이 시작된다. 1956년에는 보건소법이 국회에서 통과되면서 전국의 시·군 보건소가 설치되어 지방에도 의료 체계가 조금씩 자리 잡기 시작했다.

하지만 시골의 보건소나 보건지소에는 의사가 너무 부족하다는 문제가 있었다. 그래서 '공의'를 배치해 시골 지역 보건소에서 진료하도록 하거나, 의사 국가고시에 통과하지 못한 의대생들에게 조건부 의사 면허를 주며 일정 기간 공공 의료 시설에서 근무하게 하기도 했다. 하지만 이 역시 단기적이었고, 의사들이 오래 근무하지 않아 보건소 의료 서비스가 불안정했다. 그래서 정부는 새로운 방법을 마련했다. 그것이 바로 공중보건의사 제도다. 이 제도는 의사들이 보건소에서 일정 기간 근무하면 군 복무를 대신할 수 있도록 한 제도다. 이 제도가 생기면서 시골이나 섬처럼 의사가 부족한 지역에서도 치료받을 수 있게 된 것이다.

마스크

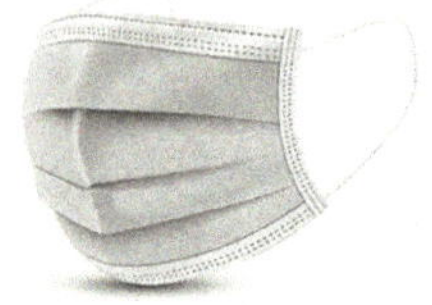

유해 물질을 직접 흡입하지 않기 위해 입이나 코 등의 호흡기를 막는 방식은 고대부터 있었다. 당시 전쟁에서 불을 질러 공격하는 화공 방식이 자주 활용되었는데, 불 자체도 위협적이지만 불을 질렀을 때 발생하는 연기로 인한 질식이 화공의 진정한 무서움이었을 것이다. 고대 그리스 사람들은 화공에 대처하기 위해 해면으로 코와 입을 가렸다고 한다. 고대 로마 사람들은 얼굴에 동물 방광을 뒤집어썼다고 하는데, 철학자 플리니우스가 방광을 사용했다는 기록이 남아 있다.

16세기 레오나르도 다빈치의 스케치에서 마스크와 관련된 내용이 나온다. 새 부리처럼 생긴 가면으로 일종의 방독면이었다. 이 새 부리 마스크는 17세기에 흑사병을 치료하는 의사들이 주로 사용했다. 당시에는 전염병의 원인이 '미아스마'라는 나쁜 공기에 있다고 믿었다. 미아스마는 고대 그리스어로 오염이라는 뜻이다. 호흡기를 미아스마로부터 차단하기 위해 새 부리처럼 생긴 가면을 뒤집어쓰고, 새의 부리가 있는 위치에 허브와 약초 등을 잔뜩 집어넣어 미아스마로부터 자신을 보호하려고 했다. 다만 흑사병은 호흡기 전염병이 아니었기 때문에 큰 효과를 보지는 못했다고 한다.

현재와 유사한 형태인 천에 끈을 달아 사용하는 마스크 방식은 1836년 영국 의사 줄리어스 제프리스가 발명했다. 사실 제프리스는 마스크를 방역용으로 만든 것은 아니었다. 공기 온도와 습도를 조절해 폐 질환 환자들의 호흡을 돕기 위해 발명했다. 그래서 제프리스가 마스크에 붙인 이름도 '호흡기'였다. 제프리스의 마스크를 묘사한 그림들을 보면 지금처럼 코와 턱을 모두 가리는 형태가 아니라 입만을 가리는 모습이다.

마스크가 방역용으로 사용되기 시작한 것은 현대 세균학의 아버지라고 불리는 루이 파스퇴르의 역힐이 있다. 피스퇴르는 질병과 미생물을 최초로 명확하게 연결해 전염성 질병의 원인이 병원성 미생물이라는 것을 밝혀냈다. 그는 공기 중에서 미생물을 발견했고 방호용 마스크 이론을 정립했는데, 마스크를 통해 세균의 전파 가능성을 차단할 수 있다고 생각했다.

1910년 만주에서 흑사병이 유행했을 당시 방역을 맡은 의사 우롄더는 천 마스크를 착용하라고 권장했다. 이후 스페인 독감 등을 겪으며 마스크를 통해 공기 중의 독성 물질이나 병원체를 막는 방식이 민간에도 널리 퍼졌다.

　1899년 영국에서는 호흡에 지장을 주지 않는 마스크를 개발했고, 프랑스에서는 이를 개량해 천 6겹을 덧댄 형태의 마스크로 발전시켰다. 1930년대에는 부직포를 이용한 마스크도 개발되었다. 오늘날에는 공사 현장에서 쓰이는 분진 차단용 마스크, 의료용 마스크, 황사 등의 미세 입자 차단을 위한 보건용 마스크 등 용도와 쓰임에 따라 다양한 규격의 마스크가 사용되고 있다.

이쑤시개

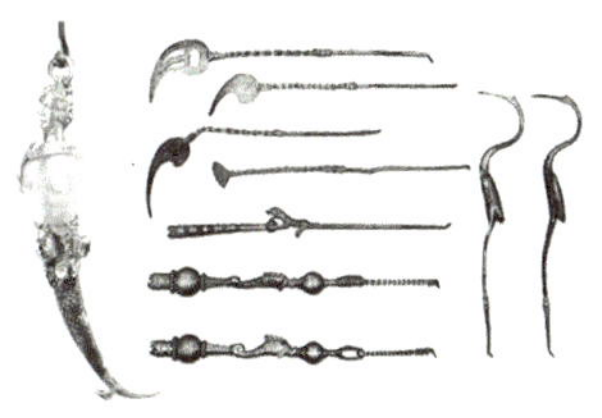

얼마 전 녹말 이쑤시개를 물에 삶거나 튀겨 먹는 모습을 인증하는 인터넷 방송이 유행했다. 녹말 이쑤시개가 먹어도 무방한 성분으로 제작되어, 이를 즐기는 사람들은 재미있는 도전 정도로 여기는 것 같다. 그러나 식약처나 이쑤시개 제조 업체 등에서는 이런 행동을 그만해달라고 당부한다. 먹을 수 있는 재료로 만들었다는 것이 먹으라고 만든 것이 아니고, 식품으로서 안전성 검사 등을 받은 것이 아니라 주의해야 한다는 것이다.

치아 사이에 끼인 음식을 빼내는 이쑤시개는 매우 오래전부터 사용되었다. 무려 120만 년 전의 호미닌(사람과에 속하는 인류와 그 조상 그룹) 화석과 10여만 년 전의 네안데르탈인 화석에서도 이쑤시개를 사용했던 흔적이 나타난다. 동물의 뼈를 작고 가늘게 갈아 이쑤시개로 사용한 것으로 추측된다.

우리에게 익숙한 나무로 만든 이쑤시개도 꽤 오래전부터 써온 것으로 보인다. 현대에는 튼튼한 자작나무를 사용해서 이쑤시개를 만들지만 과거에는 버드나무로 만드는 경우가 많았다고 한다. 버드나무를 한자로 쓰면 양지(楊枝)라고 하는데, 이 양지에서 양치질이라는 단어가 유래했다. 버드나무 가지로 이를 쑤시면 이쑤시개, 치아를 문질러 닦으면 칫솔질이 되는 것이다. 불경인 《바니모경》에도 부처님이 제자들에게 버드나무 가지로 양치하라고 말씀하셨다는 기록이 나온다. 이쑤시개를 뜻하는 일본어 요지는 양지를 일본어로 읽은 것이다. 아직도 할아버지나 할머니들 가운데서는 이쑤시개를 요지라고 부르는 분들이 계신다. 서양 문화권에서도 이쑤시개를 사용했다. 고대 로마에서는 이쑤시개를 유향목이라는 나무로 만들기도 했고, 은과 같은 귀금속을 세공한 뒤 보석 등으로 장식한 이쑤시개도 제작했다.

이쑤시개가 대량 생산품으로 등장한 것은 19세기부터다. 당시 미국 상인 찰스 포스터는 브라질에서 처음으로 이쑤시개를 발견한다. 그는 미국에서는 생소한 물건이었던 이쑤시개를 미국에서 생산하면 돈이 될 것으로 보았다. 보스턴으로 돌아온 그는 원래는 신발을 만드는 데 쓰던 나무못 생산 기계로 양 끝이 뾰족한 나무 이쑤시개를 개발했다.

독특하게도 미국에서는 이쑤시개가 청렴함의 기준으로 사용되었다. 우리나라 국회의원과 비슷한 개념인 미국 하원의원은 뇌물 문제를 막으려고 비싼 음식은 얻어먹지 못하도록 했는데, 이때 이쑤시개로 찍어 먹을 수 있는 음식까지는 뇌물이 아니라고 보고 허용했다고 한다.

이쑤시개는 우리나라의 경제 발전에도 이바지했다. 1960년대 우리나라는 경공업 수출품을 늘려 경제성장을 하려고 했는데, 이쑤시개도 수출 품목에 들어갔다. 일본에서 수입한 나무로 우리나라에서 이쑤시개를 제조해 미국에 수출했다. 하지만 1990년대 이후 이쑤시개 산업이 쇠퇴하기 시작했는데, 이쑤시개 사용이 치아와 잇몸 건강에 좋지 않다는 치과의사들의 의견에 따라 이쑤시개 사용은 점점 줄어들었다. 또한 당시 이쑤시개의 분리수거가 제대로 이루어지지 않아 음식물 쓰레기에 이쑤시개가 섞여 들어가고, 이를 사료로 먹던 돼지들의 목에 이쑤시개가 걸려 사망해 축산 농가에 피해를 주는 일이 빈번했다.

알약

약은 고대 문명 때부터 있었다. 인류는 살아가면서 각종 식물에 진통과 치유 효과가 있다는 사실을 깨달았다. 고대에는 약효가 있는 식물을 그대로 먹거나 냄새를 맡아 치료에 썼다. 풀을 끓여 마시는 물약이나 탕약 형태도 많았다. 특히 한의학을 비롯한 동아시아 문화권에서는 약은 곧 탕약을 의미할 정도로 탕약이 보편적이었다. 로마 시대에는 뭉친 약재를 눌러 눈병을 치료했다고 한다. 알약 모양도 있었는데, 고대 이집트에서는 약에 빵 반죽이나 기름, 꿀 등을 섞어 작은 공 모양으로 만들었다고 한다.

지금과 같은 알약은 19세기 무렵 등장한다. 19세기 초 독일 화학자 프리드리히 제르튀르너는 양귀비꽃에서 나오는 아편에서 진통 작용을 하는 모르핀 성분을 추출하는 데 성공한다. 이후 유럽 전역은 생약에서 약품 성분을 뽑아내는 데 집중했다. 이후 나온 것이 1833년 프랑스에서 처음 개발된 캡슐형 알약으로, 젤라

틴을 이용한 연질 캡슐을 만들어 그 안에 약 성분을 넣었다. 1847년에는 영국 제임스 머독이 캡슐 두 조각을 서로 맞물리게 하는 연질 캡슐을 개발했다. 이 두 형태의 알약은 지금도 널리 쓰이고 있다. 특히 위 또는 장에서 약효가 시작되어야 하는 종류의 알약이나, 내부의 약 성분이 가루가 아니라 액체인 약에 사용된다. 캡슐이 녹아 약이 몸에 흡수되는 지점을 예측하거나 조절할 수 있기 때문이다.

고체형 알약은 19세기 후반 해열진통제인 아스피린이 개발되면서 전환기를 맞는다. 아스피린 주성분은 버드나무 껍질에서 추출한 살리실산으로, 고대 그리스의 히포크라테스가 버드나무 껍질을 치료에 사용했다는 기록이 전해질 정도로 고대로부터 널리 사용된 성분이다. 하지만 위벽을 자극해서 구역질이나 설사를 일으킬 수 있어서 1897년 독일 바이엘사 연구원 펠릭스 호프만이 아세트산을 이용해 살리실산 부작용을 줄인 방법을 개발했다. 처음 만들었을 때는 가루약 형태였지만 1914년 고체 알약 형태로 내놓으며 널리 퍼졌다.

호프만이 아스피린의 개발자로 널리 인정받고 있지만, 아스피린의 개발자는 호프만이 아니라고 하는 설도 있다. 독일의 유대계 화학자 아르투아 아이헨그륀이 아스피린의 진정한 개발자이며, 호프만은 아이헨그륀로부터 지시받아 실무를 담당했을 뿐이라는 주장이다. 아이헨그륀이 유대인이라는 이유로 아스피린의 개발자 목록에서 빠졌다는 것이다.

안경

오늘날 많은 현대인이 나쁜 시력을 교정해주는 안경을 쓰고 있다. 하지만 고대에도 시력이 나쁜 사람이 없었던 것은 아니다. 글자 크기를 키워주는 시력 교정 도구는 옛날부터 존재했다. 로마 제국의 네로(재위 54~68) 황제는 에메랄드로 만든 시력 교정 도구를 사용했고, 1세기 로마의 철학자인 세네카는 유리 구체에 물을 가득 채워 글자 위에 놓고 보았다고 한다. 2세기 그리스 철학자 겸 과학자 프톨레마이오스는 볼록렌즈로 글자를 더 크게 보는 제작 방법을 남겼다.

프톨레마이오스의 볼록 렌즈 제작법은 이슬람으로 전해졌고, 12세기 유럽에 다시 역수입되었다. 이렇게 만들어진 반구형의 돋보기를 '리딩 스톤(reading stone)'이라 불렀다. 안경의 모태가 되는 돋보기인 셈인데, 균일한 세공이 어려운 유리보다 수정을 이용해 만들었다.

오늘날처럼 얼굴에 착용하는 안경이 만들어진 것은 1286년 이탈리아로 추정된다. 도미니코회 수도사인 조르다노가 1306년 남긴 설교 내용에 "20년 전 안경 만드는 법을 처음 알아낸 사람에게 말을 걸어 안경 만드는 기술을 알아냈다"고 되어 있다. 현재 형태의 안경이 나타난 연도는 최소한 1286년이 되는 셈이다.

이름이 알려지지 않은 이 안경 개발자는 안경이 알려지는 것을 원하지 않았지만, 조르다노의 동료 수도사인 알레산드로 델라 스피나가 안경 제작 방법을 주변에 널리 알렸다고 한다. 이즈음 안경을 쓴 사람이 등장하는 그림도 처음 등장하는데, 1352년 화가 톰마소 다 모데나가 프로방스 지역 추기경인 위고의 모습을 그린 초상화다. 렌즈 2개를 나무 등으로 V자 모양으로 연결해서 코에 거는 형태였다. 그러니 렌즈 2개를 활용한 안경은 대략 13세기 후반에서 14세기 초반 이탈리아에서 처음 제작되었다고 볼 수 있다.

우리나라에도 돋보기 형태의 시력 교정 도구는 오래전부터 있었다. 신라 시대 경주 분황사 모전 석탑에서 발굴된 수정 화주(火珠)가 대표적이다. 634년 제작된 것으로 추정되는 이 볼록 렌즈는 신라 왕실의 세 가지 기물 중 하나로 전해지는 선덕여왕의 화주로 추정된다. 수정을 볼록하게 갈아 불씨를 얻거나 돋보기처럼 활용했을 것으로 추측되고 있다.

현대식 안경은 임진왜란 때 우리나라에 유입된 것으로 보인다. 현재 우리나라에 남아 있는 옛날 안경 중 임진왜란 때 인물인 김성일이 쓰던 안경이 가장 오래된 것이다. 이 안경을 보면 안경다리가 아니라 안경테에 끈을 달아 안경을 착용했던 것을 알 수 있다. 조선 시대에는 '규일경'이라 부른 검은색 안경도 있었는데, 선글라스 기능을 한 것으로 보인다.

재미있는 것은 조선 시대에는 윗사람 앞에서 안경을 쓰는 것을 예의에 어긋나는 일로 생각했다는 것이다. 조선 24대 왕 헌종 때 인물인 조병귀는 시력이 몹시 나빠 항상 안경을 쓰고 다녔는데, 왕 앞에서도 안경을 썼다가 크게 혼난 적이 있다고 한다. 26대 왕 고종은 일본 공사인 오이시 마사미가 자기 앞에서 안경을 벗지 않는다며 불쾌하게 여긴 적도 있다.

아파트

아파트의 사전적 정의는 5층 이상의 건물을 층마다 여러 구역으로 나눠 각각의 독립된 가구가 거주할 수 있도록 만든 주거 공간이다. 아파트는 고대 로마 시대에도 존재했다. 인술라라고 불리는 다층 다세대 주택이다. 기원전 2세기 중엽 포에니 전쟁에서 카르타고에 승리한 로마는 서지중해 패권을 장악하고 급속도로 발전했다. 거주 인구가 늘며 인술라를 짓게 된 것이다.

인술라는 당시의 건축 기술상 하층은 벽돌로, 상층은 진흙이나 목재로 만들어졌다. 상부에도 벽돌을 이용할 경우 당시의 건축 기술이 하중을 버틸 수 없었기 때문이다. 또한 상층부로 갈수록 집값이 저렴했는데, 이는 계단으로 걸어갈 수밖에 없었던 점과, 상층부일수록 화재 등의 재난에 취약했기 때문이다. 그래서 1층에는 주로 상점가가 분포했고, 2층에는 높은 집세를 감당할 수 있는 전문직 종사자가 거주했고, 나머지 층에는 일반 시민들이 거주했다. 또한 화재에 취약해 취사와 식사는 공동 화덕과 공용 식당을 주로 이용했다. 또한 인구가 점점 증가하면서 불법적으로 층수를 올리는 불법 증축이 성행했다. 이는 결국 건물이 버틸 수 있는 하중 이상으로 증축되어 인술라가 붕괴하는 사고의 원인이 되었다.

유럽에서는 중세에 접어들면서 아파트형 주거 건물이 쇠퇴했다가 17~18세기에 프랑스를 중심으로 다시 아파트가 퍼지기 시작했다. 로마 시대의 인술라와 유사하게 1층은 상가, 2층 이상은 주거 공간으로 활용했다. 특히 태양왕이라는 별명으로 유명한 루이 14세(재위 1643~1715) 때에 이런 아파트가 많이 지어졌다. 이때도 마찬가지로 저층일수록 부유한 부르주아들이 거주했고, 고층일수록 돈 없는 서민들이 거주했다. 19세기 미국에서는 늘어나는 이민자를 감당하기 위해 아파트를 대거 지었다. 이런 서민용 아파트를 테너먼트라고 한다. 1865년에는 뉴욕 인구 중 50여만 명이 이곳에 살았는데, 주로 빈민층이 거주했다.

우리나라에는 1930년 서울시 중구 회현동에 세워진 3층 높이의 미쿠니 아파트가 있다. 한국 주재 일본인을 위한 관사로 이용되었는데, 5층 이상의 주거용 건축이 아니기 때문에 최초의 아파트로 인정받고 있지는 않다. 우리나라 최초의 아파트로 인정받는 곳은 1932년 충정로에 세워진 충정아파트로, 아직도 그 자리에 있다. 이 아파트는 처음에는 건물주인 도요타 다네마츠의 한자 이름을 따 풍전아파트라고도 불렸으며, 한국 전쟁 중 북한군이 서울을 점령했을 때는 인민재판소 건물로, 국군과 유엔군이 서울을 수복했을 때는 유엔군 숙소로 이용되었다.

1945년 해방 이후 우리나라 기술로 세운 최초의 아파트는 서울시 성북구에 있던 종암아파트다. 1957년 낙성식에 이승만 전 대통령이 직접 방문할 정도로 주목받았다. 당시 주로 건물 바깥에 재래식 공동 화장실을 두었는데, 이곳은 집마다 수세식 화장실을 두었다. 지금이야 집마다 수세식 화장실이 있는 것이 당연한 일이지만, 당시만 해도 혁명적인 주거 공간이었으며, 이승만 대통령도 낙성식 축사에서 이 점을 언급하며 현대적인 아파트라고 칭찬했다. 그래서인지 당시의 종암아파트는 교수나 정치인, 예술인 등 상류층이 주로 거주했다.

호텔

　호텔이 생기기 전에는 여관이나 가정집, 교회 등이 그 역할을 대신했다. 여관에서는 숙소와 음식, 말을 둘 수 있는 마구간을 제공했다. 일반 가정집이나 귀족의 저택 등에 대가를 제공하고 묵을 수도 있었다. 고대 그리스와 로마에서는 온천이 있는 지역에 숙박업소를 설치해서 운영했다. 교회와 수도원에도 여행객이 묵을 수 있었는데, 특히 여행자가 병에 걸리면 교회에서 보살핌을 받을 수 있었다. '환대'를 뜻하는 라틴어 단어 hospitalitas가 병원을 뜻하는 hospital과 hotel(호텔)의 어원이 되었다. 여행을 떠날 수 있는 계층이 상류층 등으로 한정되어 있고 여행자 수가 많지 않았던 고대나 중세에는 이런 시설로도 충분히 숙박 수요를 감당할 수 있었다.

　하지만 18세기 산업혁명 이후 철도 등 교통 수단이 발달하자 여행객 역시 늘어났고, 이에 따라 기존 숙박 시설로는 수요를 감당하기 어려워졌다. 이때부터 호텔이 등장했다. 1794년 미국 뉴욕 브로드웨이에 70여 객실을 갖춘 시티 호텔이 문을 열었다. 이후 19세기에 접어들면서 미국 여관들은 점점 호텔 형태로 모습을 바꿨다. 1829년 미국 보스턴에 문을 연 트리몬트 하우스는 최초의 현대식 호텔로 여겨진다. 트리몬트 하우스에는 잠금장치가 달린 개인 객실이 있었고, 무료 비누 등 각종 편의용품을 제공했다. 짐을 옮겨주는 벨보이 등 기존 숙박 시설에 없었던 서비스도 제공했다. 비슷한 시기 유럽에서도 고급 호텔이 만들어지기 시작했는데, 1850~1860년대 프랑스 파리에 생긴 그랑 호텔은 최초의 호화 호텔로 여겨진다.

이런 호화 호텔은 대부분 상류층을 위한 시설이라 이용료가 비쌌다. 이를 뒤집은 방식으로 영업해 호화 호텔에 도전장을 내민 곳이 1900년대 초 미국 뉴욕 버펄로에 생긴 호텔 스태틀러다. 300여 객실을 갖춘 이 호텔은 호화로운 서비스보다는 깨끗한 시설과 적당한 수준의 서비스를 제공해 일반 여행객도 이용할 수 있도록 했다. 숙박료가 개장 당시 기준 1.5달러로 매우 저렴해 많은 호텔 전문가는 스태틀러가 실패하리라 예측했으나 예상과는 달리 큰 성공을 거두며 호화 서비스에 집중하던 호텔업계에 새로운 시장을 만들어냈다.

우리나라에서는 개항 이후 국내에 들어온 서양인들이 주막 등 기존 숙박 시설을 불편하게 여겨 호텔이 생겼다. 1888년 일본인이 인천에 세운 대불호텔이 한국 최초의 서양식 호텔이다. 강화

도 조약으로 인한 개항장이 인천, 부산, 원산이었기 때문에 서울
과 가장 가까운 인천은 외국인이 한국에 올 때 가장 많이 모이는
장소였다. 그러나 당시 경인선이 개통하기 전이라 인천에 도착
한 외국인들이 보통 하루 이상 인천에 머물렀고, 그래서 인천에
우리나라 최초의 호텔이 생겼다.

　수능시험 감독을 가면, 감독 교사들도 학생들처럼 휴대전화를 일괄 제출한 후 시험이 종료되어야 돌려받는다. 감독에 들어가지 않는 시간에는 동료 교사들과 가벼운 이야기를 나누거나 가져간 책을 읽으며 시간을 보낸다. 이때 필자가 유명 대학의 교수가 쓴 역사 서적을 읽으면서 책에 있는 오류를 발견할 때마다 X표를 치고, 펜으로 내용을 고치며 읽은 적이 있다. 옆에 있는 동료 교사가 오류가 존재하는 책을 왜 읽느냐고 묻기에 "내가 알고 있지만 저자가 모르는 것 하나를 내가 찾아낼 때, 이 책은 나에게 내가 모르던 것 100가지를 가르쳐줍니다"라고 대답했다.

　영국 사회에서 손가락 두 개로 만드는 V 사인이 승리의 상징이 된 것에 대해 다음과 같은 설이 있다. 백년 전쟁 당시 프랑스군이 영국군의 장궁병에게 입은 피해가 커, 포로로 잡힌 영국군들의 중

지와 검지를 잘랐다고 한다. 그래서 영국군이 두 손가락으로 V를 만든 것은 아직 나는 포로로 잡힌 적 없는 병사라는 의미에서 승리의 기호가 되었다는 설이다. 사실이 아니다. 애초에 영국군의 장궁은 두 손가락으로 활시위를 당기지 않는다. 그런데 얼마 전 방송에서 내로라하는 대학의 한 교수가 이 잘못된 속설을 이야기하는 장면을 보았다.

이 두 에피소드는 내가 잘났고 저들이 못났다고 말하기 위해 가져온 것이 아니다. 나보다 훨씬 뛰어나고 대단한 공부를 한 사람들조차 역사를 연구하면서 사실 오류를 범하는 일이 잦을 만큼 인류의 역사란 방대하고 방대하다. 이 책이 세상에 나오는 지금, 나는 기대보다는 걱정이 앞선다. 자신의 분야를 전문적으로 연구하는 사람들조차 자신이 연구하는 시대에서 오류를 범하는데, 내가 동서양을, 고대와 현대를 넘나드는 각종 주제에서 과연 오류를 범하지 않았을까 하는 두려움 때문이다. 특히 사소한 것들에 대한 역사일수록 낭설이나 잘못된 속설이 많다. 내가 잘못되었다고 알고 있는 속설들은 그런 속설이 사실이 아님을 알릴 수 있지만, 잘못된 속설임에도 불구하고 필자가 이를 인지하지 못한 것들이 있을 수 있다. 이에 내가 잘못된 속설의 확산에 이바지하는 것은 아닌지 책임감이 무겁게 어깨를 짓누른다.

그럼에도 책을 내기로 결심한 것은, 그래도 누군가가 사소한 것들로부터 역사란 무엇인지를, 인류의 역사 속에서 인간이 어떤 선택과 발명을 남겼고, 그런 선택과 발명을 통해 인류는 어떤 변화를 겪었는지를 이야기할 수 있어야 하지 않을까 하는 생각에서였다. 대학에서 4년, 대학원에서 2년 동안 역사를 공부한 나라면, 그래도 거리의 장삼이사들보다는 더 잘 설명할 수 있는 것이 많지 않을까 하는 생각에 고민 끝에 세상 앞에 내놓는다.

이 책이 나오기까지 많은 도움을 주신 분들이 있다. 조선일보 '신문은 선생님' 코너에서 나와 주제를 논의하고, 내용을 수정해가며 원고를 더 세련된 형태로 세상에 내보내 주신 많은 담당 기자들, 학생들을 가르치고 상담하고 행정 업무를 처리하느라 자꾸만 늦어지는 원고 마감에도 불구하고 나를 믿고 기다려준 출판사에 감사드린다.

순수하게 역사를 즐기던 천둥벌거숭이가 한 사람의 어엿한 역사 교사가 될 수 있게 이끌어주신 모교 성남고등학교 선생님들과 지도교수 조범환 선생님을 비롯한 서강대학교 사학과의 교수님들, 그리고 무엇보다 매일 나의 수업을 초롱초롱한 눈망울을 빛내며 들어주던, 번아웃이 오는 순간에도 그 눈망울 덕에 다시 교단 위에 올라갈 힘을 주고 동기를 불러일으키는, 내 수업을 성심성의껏 따라와 준 모든 학생과 제자들에게 이 책을 바친다.

● 참고문헌

문헌 자료

김광언,《동아시아의 놀이》, 21문학과문화, 2004.
김규회,《상식의 반전 101》, 끌리는책, 2012.
김지룡·갈릴레오 SNC,《사물의 민낯》, 애플북스, 2012.
김창환,《체육학대사전》, 민중서관, 2000.
농촌진흥청 국립농업과학원,《전통향토음식 용어사전》, 교문사, 2010.
베탄 패트릭·존 톰슨, 이루리 옮김,《1%를 위한 상식백과》, 써네스트, 2014.
송성수,《세상을 바꾼 발명과 혁신》, 북스힐, 2022.
왕연중,《발명상식사전》, 박문각, 2012.
월간미술,《세계미술용어사전》, 월간미술, 2007.
이수종,《Basic 중학생을 위한 과학 용어사전》, 신원문화사, 2007.
이안태·공영택·백문수·윤성일,《중학생이 알아야 할 사회·과학 상식》, 신원문화사, 1997.
잭 첼로너, 이사빈·이제학·이민희 옮김,《죽기 전에 꼭 알아야 할 세상을 바꾼 발명품 1001》, 마로니에북스, 2010.
정동효·윤백현·이영희,《차생활문화대전》, 홍익재, 2012.
한국세시풍속사전 편찬위원회,《한국세시풍속사전》, 국립민속박물관, 2005.
한미라·전경숙,《한국인의 생활사》, 일진사, 2004.
한복진,《우리가 정말 알아야 할 우리 음식 백 가지》, 현암사, 2005.
한식재단,《맛있고 재미있는 한식 이야기》, 한국외식정보, 2013.
PMG지식엔진연구소,《시사상식 바이블 2009》, 박문각, 2008.

인터넷 자료

기상백과(terms.naver.com/list.naver?cid=42443&categoryId=42443).
세계 음식명 백과(terms.naver.com/list.naver?cid=42717&categoryId=42718).
스포츠백과(terms.naver.com/list.naver?cid=42872&categoryId=42872).
위대한 문화유산(terms.naver.com/list.naver?cid=58840&categoryId=58840).
조선향토대백과(terms.naver.com/list.naver?cid=57623&categoryId=57623).
푸드스토리(foodstory4u.com/).
한국민족문화대백과사전(encykorea.aks.ac.kr/).
한국향토문화전자대전(grandculture.net/korea).